餐饮业老板、主管和厨师的工具书

中国餐饮业老板、主管和从业人员的思想库和工具库

★★★★★★

餐饮经营与管理

餐馆制胜之道

团队创造财富

贺立峰◇编著

50

唯高餐饮经典书库

中国物资出版社

图书在版编目（CIP）数据

餐馆制胜之道：团队创造财富/贺立峰编著．—北京：中国物资出版社，2010.7

（唯高餐饮经典书库）

ISBN 978-7-5047-3461-7

Ⅰ.①餐… Ⅱ.①贺… Ⅲ.①餐厅—商业经营 Ⅳ.①F719.3

中国版本图书馆CIP数据核字（2010）第110031号

策划编辑　黄　华
责任编辑　黄　华
责任印制　方朋远
责任校对　孙会香　梁　凡

中国物资出版社出版发行
网址：http：//www.clph.cn
社址：北京市西城区月坛北街25号
电话：（010）68589540　邮政编码：100834
全国新华书店经销
北京京都六环印刷厂印刷

开本：710mm×1000mm　1/16　印张：16　字数：229千字
2010年7月第1版　2010年7月第1次印刷
书号：ISBN 978-7-5047-3461-7/F·1360
印数：0001—7000册
定价：29.80元

《唯高餐饮经典书库》编委会

总序

乘改革开放的快车，经历了三十年的风风雨雨，现今的中国餐饮业已经成为市场化程度最高、竞争最激烈、发展速度最快的行业之一。它曾经吸引了成千上万投资者的目光，并给了其中许多人以丰厚的回报。只有经营过餐饮企业的人才会明白，日进万金其实不是神话，而是完全能够实现的事情。

但是，面对新开的餐馆越来越多、赔钱的餐馆也日渐增多的残酷现实，不少业内人士既感到惶恐不安，又感到困惑不已。为什么昨天还客似云来的海鲜城，今天却少有人问津？为什么仅一墙之隔的两家火锅店，一家烟雾腾腾，一家却锅冷人稀？为什么麦当劳、肯德基等洋餐馆能春夏秋冬没有淡季，而不少中餐馆却时冷时热，有时甚至该旺不旺？为什么有些昨天还几乎是一贫如洗的下岗职工，今天已经变成了腰缠万贯的餐馆老板；而有些昨天还是指指点点地吆喝着的老板，今天却又重新回到了打工仔的行列……

据我们调查得知。从投资者、老板到各级从业人员，都很想探究所有这些问题的奥秘，很想在餐饮业这一宝山中挖到金矿。但是，一个实际困难却摆在他们的面前，那就是在茫茫书海中，介绍健康食品、家庭菜式的不少，但介绍怎样开办、经营餐馆的书籍却不多，即便有也是零零碎碎，且不够通俗易懂，缺乏可操作性。现在，我们可以满怀信心地告诉读者，这个困难可以解决了！

我们在经过长期准备和酝酿之后，与中国物资出版社、广东烹饪协会、香港维高餐饮经营管理策划公司联合策划、出版了《唯高餐饮经典书库》系列丛书，填补了这方面的空白，以推动中国餐饮业的发展，帮助众多餐饮业老板和从业人员圆其创业梦与发财梦。

《唯高餐饮经典书库》系列丛书的作者们，既有资深的餐饮业老板、总经理、高层主管和培训人员，也有专家、教授、作家、记者和编辑，他们都以强烈的责任心，深入餐饮业基层，对老板、员工反复采访，收集了大量的第一手资料，并认真研究餐饮业的理论知识。本系列丛书，是他们为餐饮业创造的宝贵财富。

本系列丛书涵盖的范围广，涉及餐馆运作的方方面面，包括经营技巧、经营理念、管理方法、服务技能和员工培训等许多细节，内容极其丰富，知识面极其广阔，因而具有全面性和实用性。

本系列丛书既有深入浅出的理论阐述，也有生动有趣的实例，可操作性强，可读性也强。

本系列丛书还力求在创作理念上与时代同步，有一定的超前性，蕴涵着一定的指导意义。

我们深信，《唯高餐饮经典书库》系列丛书一定会成为广大读者的良师益友，一定会为他们带来美好的“钱景”。

《唯高餐饮经典书库》编委会

2010年2月

前言

近年来，我国的餐饮业发展非常迅速，餐饮业营业额连续18年实现两位数的高速增长，预计未来增长速度将保持在17%以上，餐饮业正处在大发展的时期，市场潜力巨大，长期发展趋势良好。2008年，在经济形势急剧变化的情况下，国内餐饮业的发展态势依然良好，全年零售额达到15404亿元，人均消费1158.5元。根据历年的数据分析，预计2010年，中国餐饮业零售额将达到20000亿元。餐饮业已经成为拉动消费、实现增长、扩大就业的重要行业之一。

然而，尽管从行业数据统计看，餐饮行业市场容量非常大，而且膨胀非常快，但我国餐饮市场相对来说仍是最分散的一个市场，国内没有一个大的餐饮集团可以占据1%的市场份额。餐饮行业是完全竞争的行业，从餐饮企业竞争与发展格局来看，未来我国餐饮企业竞争将更加激烈。在餐饮行业高速发展的同时，食品原材料成本、劳动力成本提升、管理人才匮乏、成本控制难等多方面问题日益凸显，行业竞争愈演愈烈，餐饮业全面进入“微利时代”，传统的管理、经营模式正遭遇着严峻的挑战。

于是我们看到，在火红的市场前景下，却涌动着餐饮企业的倒闭潮，北京、上海、广州、深圳、香港、郑州……莫能例外，城市里每天都上演着老餐馆倒闭、新餐馆开业的悲喜剧，餐饮业已经逐渐成为国民经济体系中的一个高危行业。中国餐饮连锁协会公布的数据称，我国的餐饮企业已经进入淘汰高峰期。

有识之士疾呼，中国餐饮业已经步入行业洗牌期，必须交流新思想、探索新模式，迅速由传统的“粗放式、模糊式、经验式经营”向“精细化、流程化、连锁规模化经营”转型。

团队建设，就是实现餐饮业新思维和管理新模式的重要手段。它能充分发挥各成员的主观能动性，运用集体智慧将整个团队的人力、物力、财力集中于某一方向，对促进员工成长、增强内部凝聚力、实现工作的优质高效等方面具有显著的作用，改变了餐饮业以往“单打独斗”的管理模式，这种模式在其他很多行业屡试不爽后，终于开始被餐饮业关注了。

本书是一本从大处着眼，从小处着手，专门讲餐馆团队建设的书。

“思想是行动的先导”。本书的绪论部分，阐明了餐馆为什么要靠团队创造财富，强调餐饮行业管理者要从理念上认识团队建设的重要性，这是做好团队建设的前提。接下来，共分四篇、十一章，具体介绍开展团队建设的方方面面。

“千军易得，一将难求”。餐饮业进入门槛不高，从业人员数量庞大，素质参差不齐，选人是餐饮企业普遍面临的难题。构建篇讲述餐馆内各类重要人员的遴选和工作规范，主题是如何打造一流的团队。

团队组建之后，管理者的角色就是操控师，中心任务就是让它良好地运转。运转篇讲述增加团队凝聚力、有效激励、沟通、督导的方法，主题是让餐馆团队高效创富。

人是生产力中最复杂的因素。由不同的人组成的团队，运作中难免会出现各种各样的问题，轻则影响餐馆的工作效率和利润，重则关乎餐馆的生死存亡。解困篇讲述如何将团队中的不良性格个体融入团队整体以及处理团队内冲突现象的技巧，主题是让离散的团队走向和谐。

每一个餐馆老板都梦想利润的最大化，希望手下的员工能够不断地成长，为自己创造越来越高的价值。提升篇讲述做好员工培训的途径，在此基础上更进一步，讲述如何充分发挥员工的潜力，以不变的人力成本获得更高的产出，主题是建设能力增长型餐馆团队。

愿本书能使广大的餐饮业从业者开卷有益，成为您管理的好帮手。我们相信，当团队建设成为一家餐馆熟练掌握的管理利器，这家餐馆将拥有傲踦同行的竞争力；当团队建设风行餐饮业时，也就是传统餐饮业完成向现代餐饮转型之时。

作　者

2010 年 4 月

CONTENTS

目录

构建篇　打造一流的团队

运转篇　让团队高效创富

提升篇　建设能力增长型团队

绪论　餐馆为什么要靠团队创造财富

一、餐饮服务同质化的时代，团队是赢得竞争的法宝

作为餐饮企业的管理者，基本上都知道如何服务好顾客，如何通过提升自己的菜品和服务来满足消费者的需求。但随着市场竞争的加剧，同质化的东西越来越多，作为整个体系的终端——场所服务而言，的确难以有什么过多的创新，而且就算有什么优秀的点子也很快就会被模仿和复制。于是，我们就会看到，同样的菜式，同样的服务，同样的口味，同样的环境……在许多餐饮聚集地，许多餐馆相互模仿，相互跟风，大同小异的餐馆比比皆是，可是店面却冷冷清清。

面对越来越严重的市场同质化竞争问题，餐饮企业如何应对，才能在竞争中立于不败之地?

不同的人可能会有许多不同的答案，但是，有一个事实是谁也无法否认的，那就是在激烈的市场竞争中，靠管理者或经营者“单打独斗”的方式在当今的时代肯定行不通。

很多餐馆开始创业后，有一种老板，往往是一个人精明能干，全职全

能，不可或缺，而整个团队却很平庸，老板们坚信一个理念：“餐馆是我的，是属于一个人的。”因此，对有才能的人，他怕超越自己，不重用，对没有才能的人，他却欣然接受，委以重任。

另一种老板，则怀着“餐馆是大家的，每个员工都是餐馆的主人”的信念，这种老板通常善于调动员工的积极性和主动性，善于打造团队，用团队的整体能力来弥补个人能力的不足。他坚信：“得人才者得市场。”真正企业家的智慧在于创造财富，培养更多的具有智慧的人才，使餐馆更具有竞争力。而能够“以一当十”“以一当百”的小老板，终究会发现自己不可能“以一当千”。“英雄老板”只能成就小企业，只有“智慧团队”才能成就大企业。因此，培养部下，带出一支队伍，比发挥老板个人才干更重要。

中国的餐饮业，一直在上演着“长江后浪推前浪，前浪死在沙滩上”的剧情，最后能真正成气候的餐馆寥寥无几，大量的餐馆会在2~3年内纷纷倒闭。细细想来，问题的症结就在于管理者之间对团队建设方面的认知

差异。如果餐馆能有一支优秀的团队去经营和管理，就不会有令人唏嘘的结果。

二、餐饮业的特性决定团队经营的核心地位

餐饮业具有以下鲜明的特性：

1. 消费者时间相对集中

不管是哪一种形态的餐饮业，消费时间大都集中在某几个时间段内，例如，早餐店集中在上午7：00~9：00，正餐店主要集中在午、晚餐时间，夜宵店则集中在晚上22：00~2：00，咖啡店则集中在14：00~17：00及晚上20：00~22：00。因此，餐饮业人员多以计时的员工为主。雇临时人员最大的问题在于培训，因为临时人员的流动性大，如何招募新人是个问题，新人的培训更是个大问题。如果这个问题没解决，餐饮店的服务质量一定不好，企业理念与文化也无法传承。

2. 每天都必须提供新鲜食品

消费者都不喜欢吃隔夜食品，而喜欢吃到新鲜的现做餐点，因此餐饮业的餐饮绝对不能过夜或加了过多的食品添加物。餐点要新鲜，则源头的食品材料一定要新鲜，餐饮业者不仅在食品材料及烹饪技巧上要不断改进，对采购管理的要求也很高，拥有精明能干的采购管理人员对餐馆的意义绝不可小视。

3. 产品操作标准化不易统一

由于产品是由不同的厨师按菜单实时制作的，所以不容易标准化，即

使是同一厨师在不同时间内所做出来的产品也不容易相同，所以产品标准化是餐饮业不容易克服的难关。真正的标准化实在不易做到，因此产品制作的教育训练就显得特别重要。餐馆的员工必须经过足够的教育训练或产品测试，这样才能使餐饮的质量不至于有太大的差异而使客人产生质量不稳定的印象。

由此可见，餐馆的运作就像一部复杂的机器，每一个部件的工作状况好坏直接影响到整体。所以，餐饮管理者一定要将团队经营放在管理工作的核心位置，打个比方——要像“木匠”，木匠身上所具有的优秀品质值得餐饮管理者学习和借鉴，特别是木匠看见一块形状无论怎样的木材都会觉得有用，而且会想方设法地让它发挥应有的作用。餐饮管理者千万不能像医生那样，专挑病人的毛病。如果像医生那样看待下属，那么再优秀的人都会浑身是毛病。餐饮管理者一定要像木匠那样，善于发现员工的优点，让员工人尽其才。

随着社会的进步和经济的发展，以及人们生活水平的提高与生活方式的改善、工作与生活节奏的加快，家庭服务和单位后勤服务走向社会化成为必然。因此，当今餐饮业的发展日益呈现出一个特点：饮食习惯的现代化使得一个餐馆或者某个餐饮品牌的生命周期大为缩短，更新周期明显加快。餐饮市场近几年的运转实践证明了这一基本规律。很多经济活跃地区的餐馆也只能各领风骚三五年，这几乎成为餐饮市场的一个定式。这是由于现代餐饮业自身的发展规律所决定的，这个规律依赖于人们生活质量的提高，依赖于人们与生俱来的喜新厌旧的秉性，这种秉性在饮食方面就显得尤为突出。所以追求饮食结构、口味变化、营销方式等方面的创新就成为餐饮业最终追求市场认可的必由之路。

承认更新周期加快的事实，就是承认创新的重要性和必要性。餐饮业的创新，只能是团队的创新。

（1）我们所说的创新一定是那些有市场需求的创新，而不是几个或一群“圈子”里的人孤芳自赏的创新。

（2）创新并不仅仅是厨师的责任，更是一项应该由经营者和厨师共同完成的任务。在创新的过程中，经营者应该根据市场需求明确创新的思路、指导创新的方向，厨师的任务是在此框架下，完成具体的技术工作。反之，如果经营者认识不到自己在创新中的重要作用，而是简单地让厨师去“闭门造车”，这种“创新”的结果往往是事倍功半，甚至导致厨师对创新的必要性产生动摇。

餐饮业的创新动力来自团队中的三股力量：厨师、经营管理人员和营销人员。后者密切地掌握着大量的客人用餐信息反馈，他们的意见可以同经营管理者的意见结合起来，形成指导厨师技术创新的思路，只有这样的创新才具有旺盛的生命力。

三、团队建设的意义胜过菜肴开发

某餐饮集团的老总在总结自己在餐饮业摸爬滚打二十多年的心得时说道：“一个菜细分一个市场，一个团队创造一个市场。”

菜肴是餐厅盛开的花，团队则是培育鲜花的土壤，两者是互为因果关系的。在味型严重同质化的今天，打造一支优秀的团队是餐厅良好营运的重要保障。一道菜的食相再好也比不上一个人发挥的作用，一桌菜再昂贵也比不上一个团队创造的价值。

但是，由于进入餐饮业的门槛非常低，或者说根本就没有门槛可言，只要敢想、只要有钱、只要有厨师、只要不怕烦琐，任何人都可以开一家餐馆，就好像一个菜市场一样，谁都可以进场摆摊，所以导致了行业从业人员的素质参差不齐。

在极度不规范的市场竞争环境里，大家所使用的一切招数都是围绕菜品味型的切换、环境氛围的营造和空洞的企业文化打转转，很少有餐馆将激进和烦躁的心沉下来，思考团队的建设和如何进行有效的团队管理，这就是众多餐饮企业“短命”的根本所在。

在很多行业企业里，我们都可以看到在其年度营销计划里有专项团队建设和培养费用，而餐饮企业，我们很难看到有这笔投资。就算在中国百强餐饮企业里，我们同样能在团队建设和管理上看到这样一个不争的事实：有团队没管理，有管理没效益，有效益没理想，有理想没践行，有践行没坚持，有坚持没力量，有力量没支持，有支持没努力……

案 例

谭老板多年从事服装批发生意，赚得是盆满钵满，事业如日中天。在一次宴会上谭老板向朋友透露出想转行做餐饮的意思，认为只要加盟一家著名餐饮品牌就能轻松地将消费者兜里的钱转化为自己的。朋友于是强力推荐总部设于重庆的中国著名火锅A品牌，因为该品牌凭借其独具特色的配料，味道久吃不厌，在食客中享有很好的口碑。通过与重庆总部的几轮沟通谈判，谭老板交纳了30万元的加盟费获得了3年在武汉的独家经营权。3个月的选址、装修、招聘培训、试锅等烦琐环节下来，已花去了380万元的费用，当然也终于迎来了火锅店开业的大吉大利。由于谭老板自己并不懂餐饮经营管理，更不懂团队建设，在开业不到5个月的时间里，他就换了1个总经理、2个大堂经理，原因是总经理拿着高薪不做事，缺少一些职业精神，总是在电脑上斗地主；大堂经理业务上总是缺少一些服务经验，前厅管理一团糟，同厨房老是矛盾不断，点菜组和传菜组居然还常打架。由于团队管理混乱、团队素养低下、团队协同作业差，问题和矛盾越来越突出，虽然厨师能做出很好的菜品可也无济于事。半年后，火锅店因经营不善易手他人。谭老板感慨地说：“餐饮门槛进入的时候很低，但是想迈出去门槛就太高了，我为此损失了200多万元。餐饮比服装批发更难做啊！”

一家餐馆要想从激烈的竞争环境里突围出来，并成为一个城市、一个社会、一个国家的饮食文化供人品验，除了菜肴的品性要极具色、香、味、型、意、养六重功力外，关键的关键是要建设、经营和管理多个根据餐厅服务需要的极具侵略胜的职业团队。从垂直的资本决策团队、总经理高层管理团队、经理中层执行团队、基层服务团队，到水平的前厅服务团队、厨政团队、公关销售团队、财务团队，再到外围的媒体支持团队、营销策划团队、菜品研发顾问团队等，要像经营企业一样经营和管理这些团队，为团队设计团队理念、团队精神、团队文化、团队价值、团队责任以及科学规划团队发展的战略目标、年度营销计划以及达成目标和计划的方法、步骤等，用团队的责任舞动企业的生命，让企业的生态长期处于高度平衡的活性状态。

构建篇

打造一流的团队

餐馆是舞台，

员工是演员，

管理者是导演，

客户是观众。

一流的演员和导演，

奉献给观众的必定是美好的享受。

第一章　选对人，团队才有稳固的基础

一、服务人员是餐馆的门面

服务人员处于餐馆整个人员结构中的最底层，也是餐馆中流动性最大的职工群之一，但一家餐馆的声誉却往往和服务员的素质密切相关，一个

服务员的某一个表情可能就决定了一位顾客还会不会再次光顾这个餐馆。所以，服务员的素质和他们身上所体现的企业文化可以说是餐馆活生生的营销广告，也是餐馆的门面。

案例

某三星级餐馆，餐厅服务员小龚正在雅间服务，突然电灯灭了，雅间内一片漆黑，客人们议论纷纷。小龚迅速掏出两只打火机，一手一只，轮流打火，对大家说："感谢上帝，给我们准备了一个别致的烛光晚宴。对不起，只是临时停电，请各位先生女士继续安心用餐吧。"随后，其他服务员送来两个西餐烛台，小龚将烛台放在桌上，又在窗台放上一个西式盆景。片刻间，整个雅间由中式餐厅变成了一个充满温馨浪漫情调的西餐宴厅。一看这从天而降的烛光晚宴，客人们非常高兴，纷纷赞不绝口。过一会儿来电了，小龚想吹灭蜡烛，客人忙把她拦住，说："不要吹灭蜡烛，请关上灯，还是烛光晚宴好。"

星级餐馆突然停电，这反映了餐馆基础设施存在问题，给餐馆的形象带来了不利的影响，可是服务员小龚和其他及时送烛台来的服务员，却用其机智灵活的服务技巧令坏事变成了好事，不仅扭转了不利局面，而且给客人留下了美好的印象。她们的行为也充分说明了服务员在塑造餐馆形象中的重要作用，说明了服务员之间的团队精神的作用。

但事实往往难如人意，餐饮业的人员流动非常快，尤其是服务人员，由于技术和文化水平的要求都不高，老手时有转行，新手不断填充，受过训练的服务人员难找，训练好的又难留。因此，看起来好像最容易招聘的服务人员实际上却使不少有经验的管理者都十分头痛。

二、优秀的厨师是餐馆的摇钱树

一个餐馆要长久地吸引客人，保证生意兴旺，靠的是什么呢？菜式、服务、环境、名气……这些因素都有可能起到重要的作用。一个餐馆在某一个阶段或某一个时期，可以通过宣传促销或豪华的装修来吸引、打动顾客，但如果从长远来看，在其他条件差不多的情况下，具有优质的菜式和出品才有可能保证上门光顾的客源稳定。换句话来说，餐馆的厨师，尤其是主厨是餐饮业最关键的技术人才，也是餐馆上座率和客源的保证。

开餐馆，厨师的招聘可以说决定了你这家餐馆今后的菜品风格和品质。然而，有不少经营者，往往对厨房的重要性缺乏足够的认识，导致装修精致、价格相宜的餐馆却出现冷清的局面。由此可见，在筹建餐馆的过程中，招聘和选好一名厨师的重要性是毋庸置疑的。

对于一家餐馆来说，厨师所起到的作用是不言而喻的，餐馆里的有形产品——菜点，只有通过厨师的技术，才能体现出优劣。目前餐馆经营者考虑企业效益和成本较多，在用厨师上却只图工资低、工作时间长，只选择外地工，而忽视了厨师技术的重要性。很少有经营者考虑请一位富有经验的厨师作为专门技术指导，使餐馆的菜品质量大有长进，菜肴品种更加丰富，创新菜品层出不穷。很显然，只有具有较高管理水平的厨师来管理厨房和指导厨师工作，才能使厨房工作走向量化管理、规范化管理，才能赶上时代的潮流，也才会使企业的效益逐步体现出来。

1. 经验丰富的厨师技术全面

就一般而言，有经验的厨师都有一定的阅历及实践工作经历。他们无论从管理厨房和烹调技艺上都要比一般厨师高出一筹。到目前为止许多餐馆的经营者或新厨师，往往看不到这一亮点。

当今消费者有目共睹的是，整个餐饮业各家餐馆所经营的菜品，无论风味是川、鲁、粤、烤鸭、家常莱，所做的菜好多都是一个味，甚至粗制滥造没有各自的特色。如此下去企业的经济效益如何增长？客人又怎能再回头消费？

案例

绿×阁是当今中国最大的西餐连锁集团。它屹立于餐饮界二十载，历经了无数的风雨与考验，始终走在餐饮业的前沿。绿×阁之所以如此成功，一个至关重要的原因就在于它拥有一支富有经验的厨师队伍。特别是它的首席厨师陈师傅，坚持西餐中做，将西餐与地道的粤菜相结合，为了做出适合本地人口味的特色西餐，他除了经常倾听同行和客人们的意见外，还常常去餐厅的潲水桶察看，看里面顾客都吃剩了些什么，然后根据这些信息对菜品进行慢慢调整。在40年的厨师生涯中，陈师傅凭着他的勤奋和全面的技术，开发的新西餐超过2000多款，使西餐真正成为广州市民津津乐道的特色菜，为绿×阁从一间小小的咖啡厅发展到现在作出了不可磨灭的贡献。

2. 有经验的厨师物有所值。

有人讲："大牌厨师的薪水有些高。"但殊不知什么叫物有所值。作为经营者在开餐馆中，很想和一位有实践经验、技术又高超的厨师合作，但往往又怕其要求的薪水高。对于有经验厨师自身的含金量和所创造的价值不可轻视。如果能聘用大牌厨师，不但能在短期内改变厨师队伍的整体素质和技术，还可以迅速突出餐馆的菜品特色，增加菜肴品种，不断创新。这样，使大多数厨师对菜肴的加工、制作都有明显的提高。同时能协助经营者解决短期亏损、业务下降的问题。俗话讲，"千军易得，一将难求"，讲的就是这个道理。既是人才就绝不可轻易放过，只要对企业有用就要不惜重金聘用。

3. 有经验的厨师有责任心

有着丰富工作经历的大牌厨师，一般都在多个地方担任过厨房主管、厨师长、行政总厨、餐饮总监或技术顾问等职。由于多年的工作实践会有许多好的领导方法和处理问题的能力，他们不但懂技术而且也参与管理，所以是餐饮业中不可多得的人才。这些人经历多，有丰富的处理问题的手段，解决问题会抓住要害，让人心服口服，有利于出品部团队的建设。最使人仰慕的是这些人的年龄都在中年以上，有较强的责任心，是一般厨师难以比拟的。他们对工作执著、勤勤恳恳，对技术一丝不苟，对所出品的菜肴要求规范，品味较高。如果开餐馆能与有经验的名厨合作，不但厨房的技术会有提高，工作规范，还会使厨房中的跑、冒、滴、漏和降低成本问题得到解决，从而使餐馆的经营稳中有升，财源茂盛。

对餐馆来说，不仅要招到优秀的厨师，还要善于利用大牌厨师的名气。

厨师因为其在餐饮业中的特殊地位，一般对餐馆的出品和菜式起着至关重要的作用。毋庸置疑，一个餐馆如果拥有一流的厨师和高品质的菜式，就是餐馆经营成功的保证，也是餐馆的一笔财富。一个厨师制作的菜品风味和特色，是创造餐饮业特色的基本条件，作为餐饮业的特殊人才，厨师对菜品的研制和开发是餐厅经营发展的基础。除此之外，厨师对各种原料的合理使用，对各种成本的控制，也可以为餐馆的赢利创造条件。

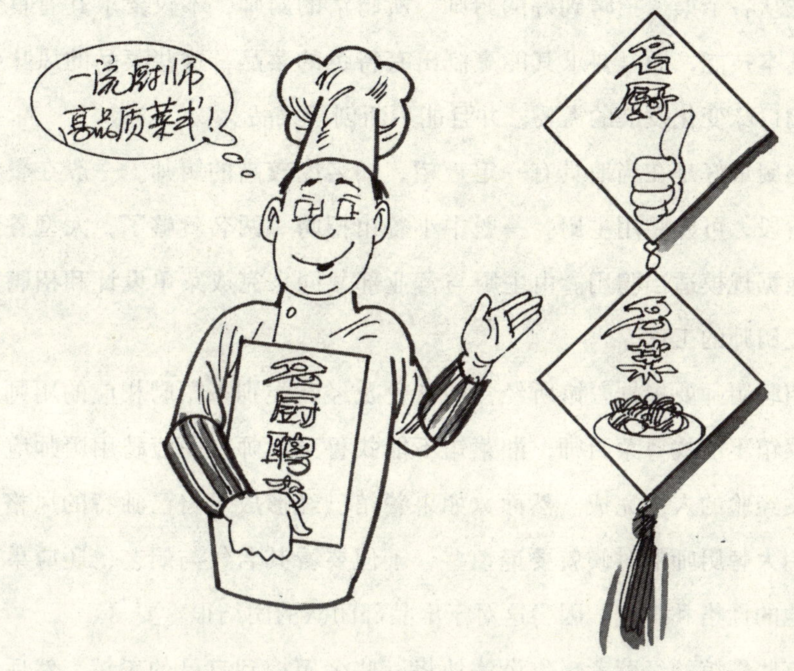

一个餐饮业聘用几个能做菜的一般水准的厨师或熟练技术工比较容易，然而要真正找到既能烹饪一手好菜、又能管理好厨房工作的一流厨师的确很难。我们所说的“厨师人才”，是指出品部的领导和骨干人才，他们除了具备高超的烹饪技能外，还能培训和指导各岗位厨师的工作，在团队建设中起核心作用。

利用厨师美名打传统牌是餐馆经营者的招数之一。大牌厨师美名在外，如果一家餐馆能聘一两个大牌厨师，那一定会有许多人慕名前来。大牌厨师一般都有自己的绝活，因而得以出名，而这些绝活也往往成为餐馆的活招牌，使人们想到某道菜时就一定会想起这家餐馆，因为在这里可以吃到别的厨师绝对做不出来的特色。餐馆的经营者要充分利用大牌厨师的名气，扬长避短。大牌厨师一般喜欢保持传统，餐馆可以借助这个特点包装自己的形象，使餐馆无论在菜式和风格上都体现出高贵传统的氛围，创出品牌。

既然厨师在一个餐馆的作用是如此关键，那么，餐馆经营者一定要想尽办法从各个渠道招聘到好的厨师。所聘请的厨师，不仅要求其有良好的烹饪基本技能，而且要求其能烹制出有特色的菜品，这些菜品的风味要符合人们口味变化发展的需要，并且能不断创新菜品。

主厨最好是在当地具有一定声望，知名度较高的厨师。一般在餐馆的筹建阶段，可先聘用主厨。一般中小餐馆招聘一两名就够了，大型餐饮企业可根据规模适当聘用。由主厨与营业部共同来完成菜单设计和招聘其他各岗位厨师的工作。

招聘厨师要根据餐馆所经营的特色及经营类别来招聘相应的厨师。例如川菜馆不能找粤菜厨师，湘菜馆不能找鲁菜厨师。一般聘用厨师应让具有相关经验的人来完成。然而，如果餐馆已经形成了自己独特的风格，那在聘用大牌厨师的时候就要谨慎些，不但要看其名气与厨艺，还应事先摸清楚他的性格和脾气。因为这对于出品部团队的团结很重要。

有些餐馆的经营者想方设法地将一些名厨挖到自己的餐馆，然后让他们担任厨房的负责人。结果，这些厨师一味强调自己的经验和个性，不肯将餐馆已有的经营理念和方针贯彻执行，最后搞得不欢而散，甚至使餐馆倒闭。

三、渠道多元化：四处撒网才能捕到好鱼

无论什么工作，素质都是衡量人才的根本尺度。管理者的素质越高，他所管理的团队才越有战斗力；团队里素质高的人越多，团队越有战斗力。

在餐饮业，管理者必须具备以下基本素质：

（1）有良好的思想品质，作风正派，严于律己，有较强的事业心，热爱餐饮工作。

（2）有良好的体质和心理素质，对业务精益求精，具有坚韧不拔的精神和持之以恒的耐力，责任心强。

（3）要有开拓创新精神，善于学习，有敏锐的观察力和极强的记忆力。

（4）态度和蔼，有人情味，给人以信任感，善于与客人打交道，能处理好人际关系，工作方法灵活。

当然，人的基本素质并不是一眼就可以看清的，这就需要在招聘过程中下一番心思。

管理人员的招聘一般分三步走：第一，确定餐馆的规模和定位，然后来确定胜任这项工作的人所需的知识技能和经验；第二，寻找有可能适合的人员，并将他们吸引住；第三，从备选者中仔细筛选，然后雇佣其中最优秀的人。

招聘途径则有很多，餐馆业主不妨尝试四处撒网的招聘方法，精挑细选，物色出称职的管理人员。

1. 在报纸上登广告

这个途径适合所有的雇主，包括那些以前从未涉足过餐饮业的新业主。广告应简要介绍工作的难度、责任和要求，明确指出你的餐馆所具备的优势；你所提供的机会，迅速提升的可能性以及你认为可以吸引人才的特点。

2. 餐饮行业的朋友和熟人

你会在各种场合遇见一些餐饮行业的朋友或熟人，可以告诉他们你的餐馆中职位空缺的情况和你所需要的人选，这些朋友往往会给你一些意想不到的好建议。

3. 专业技术杂志

将职位空缺的情况登到该类杂志上，这种方法可能会比报纸慢，但却很有效，因为读者中一定会有你所寻找的有能力的人。

4. 大学和技术学校

大学和技术学校为其毕业生和校友提供职业介绍服务，常常能从年轻的毕业生中，或较成熟较有经验的校友中发现合适的人选。

5. 个人档案

把那些在工作中或社交场合中遇见的、你认为适合你餐馆的人记下来。这是一个好办法，你可以准备一个笔记本，记下这些人的姓名、地址和电话，并简单写下他们的情况和他们给你的印象。这样，当某个职位需要人时，说不定你可以从自己的笔记本里找到合适的人选。

6. 职业介绍所

这是一个非常快速的途径，但也有一定的风险。一定要找诚实可靠，信誉好的介绍所，因为现在这个行业非常混乱，提供的信息有时是非常陈旧甚至根本是不真实的。

7. 朋友和亲戚

这是中国人开餐馆常常会想到的途径，但实践中你一定要非常谨慎地寻找、了解。因为稍有不慎，就会令你很为难。如果你雇佣的这个人是你的朋友或亲戚，但他的工作不能让你满意，那么要解雇他，你就面临伤害感情或失去友谊的危险。所以，不到万不得已，不要使用这个途径。

筛选应聘的人员一般需经过面试与试用两个阶段。在进行面试的时候，餐馆业主一定不要急于作出决定。在应聘者与你开始交谈时，他可能会有些紧张，但几分钟后，他们就会逐渐平静下来，而这时的表现会更真实。所以，面试时一定要客观、耐心，不要过早地下结论，要到面试结束后才能归纳出应聘者给你的印象。

（1）初步筛选：第一次面试可以让应聘者先填一张表，写下他们的履历和经验，以及他们的薪酬要求等。有没有做过餐饮业的经营经历，为什么要应聘这份工作等问题，都是雇佣某人所必不可少的衡量标准。

（2）复试：到第二次面试时，应聘者的圈子已大为缩小，业主可以和每个应聘者进行较为具体的谈话，比如他对某些普遍问题的看法和对策，管理的目标和计划等，从他的观点中可以大致看出此人的处事原则和手法。

（3）第三次面试：这次面试基本上可以得出答案，此人是否适合在我的餐馆工作？能否与他人合作？有没有解决棘手问题的能力，等等。回答了以上问题，就可以决定到底雇佣谁了。

不过，只善于纸上谈兵的大有人在，即使经过严格的考核，也不一定就能胜任实际的工作。所以最好有一个试用期，一般为三个月，再根据他实际的工作水平决定其去留。

四、精挑细选，严把团队准入关

餐饮业是服务行业，从业人员工作的特殊性决定了其招聘过程也有着不少诀窍，背景和素质是衡量餐饮从业人员的两大准绳。具体工作如下：

1. 要做好招聘的准备工作

由于招聘的数量一般比较大，分工也很细，所以第一次开餐馆一定要首先预测出各岗位的人员需求，并制定出详细的招聘说明书。

首先，根据餐馆的规模，预测一下所需的岗位和每个岗位的人员。例如，要多少餐厅服务员，多少清洁工、洗碗工等，并根据预测的工作量算一算某些岗位的工作人员能否重叠或部分重叠，比如洗碗工和清洁工，如果餐馆的规模不大，这两项工作基本上可以由一班人马完成。此外，有经验的管理者还会确定将来有可能需要增加人手的工作岗位的数量和类型。

其次，就是制定详尽的工作说明书。服务工作是非常琐碎同时又是工作量非常大的工作。分工明确是服务人员能否高效率地协同合作的决定性因素，所以详尽的工作说明书是必不可少的。

工作说明书列有全部要做的工作任务和有关资料，这些任务和资料合起来，就是一个工作岗位。例如，一名清洁工的工作可能包括洗盘、碟、罐、锅以及打扫地板和做仓库内外的整理；一名服务员的工作包括领位，替客人写菜单，上菜、收拾桌面。工作说明书是安排和组织各项工作的依据，其说明的是工作本身的情况，是为一个工作岗位而不是为个人而制定的。

在招聘服务人员的时候，由于工作说明书已经对岗位的情况进行了具体的阐述，因此被录用的人很快就会了解到他要做的工作，必要的时候，管理者甚至可以在作出决定之前就将说明书给应聘者看，这样能留给对方一个选择的余地，减少不必要的人员流动。

2. 了解求职者的背景

招聘服务人员的渠道很多，可以通过报纸广告或直接的门面广告，也可通过大专院校或职业学校直接招聘毕业生。

由于服务人员的流动性较大，求职者的背景就显得格外重要，这包括其职业背景和健康状况。首先，要求所有的求职者都填写一张求职表，包括其姓名、地址、受教育水平、介绍人、工作简历以及曾患过的疾病等。如果不是经济情况非常紧张，一般来说最好雇佣有固定住址的本地人，因为其背景资料容易证实，也易于管理。如果条件很好，外地人也不是不行，但要有暂住证，并有当地人担保。这些条件虽然听上去近乎苛刻，但为了避免意外情况的发生，有些原则还是应该遵守的。特别是一些关键岗位更要谨慎。有的餐馆就曾经发生过外地人持假身份证应聘，工作表现一直不错使领导层放松了对其的警惕，最后携现金潜逃的实例。

对于求职者提供的信息，管理人员应尽可能地予以核实，有可能的话，还应从侧面了解求职者的工作情况和个人习惯。最直接的方法是向求职者过去的雇主打电话了解情况，他们也会乐意提供一些不宜用书面方式提供的“敏感”情况。还可以向求职者以前的雇主了解他在工作期间患过何种疾病，以及有没有酗酒、吸毒史等情况。根据这些，管理者可以对求职者的可靠程度有一个基本的认识，并借此对其未来可能的工作表现作出预测。

3. 观察求职者的素质

求职者的素质考核是招聘过程中相当重要的一个环节，一般要通过面试来完成。第一次面试是考察求职者的态度，并向他介绍餐馆的工作情况和要求。管理者要通过这次交谈的机会，自己观察求职者的谈吐、气质，留心听他看待和处理问题的方式，并要注意他的话与其在求职表上填写的信息有没有前后矛盾等。以餐馆服务员为例：

首先，看看应聘者的相貌是否和蔼可亲，最好是长相平凡但有亲切面容的人（一般来说是女性）。有的人如果她的面部线条全部朝下显得严厉刻薄，就算她其他条件不错，管理者也应该慎重考虑，因为她的面容就容易影响顾客的愉快心情。

其次，要仔细询问求职者的背景和工作经历以及她上一次工作的情况和换工作的原因。面谈的内容可以很广，一般涉及家庭、学习、志向及对服务工作的看法、对同事的态度、社交情况、兴趣爱好、对某些社会问题的看法等。通过第一次面试，管理者可以对求职者的素质有一个基本的了解。

那些已通过第一次面试的求职者就可以参加第二次面试，也是管理者会作出最后决定的那一次。这次面试中一般会包括基本技术测试，例如厨师的厨艺或餐馆服务员解释菜单的能力和服务技巧等，还会包括阅读和表达能力的测试以及心理测试。通过第二次面试，管理者可以对求职者的素质有进一步的了解，并根据考核情况作出是否雇佣的最后决定。

五、应该避开的餐饮人才认识误区

餐饮业与其他行业一样，人才是最重要的。但餐饮人才在餐饮业中又表现为各类不同的人才，如高级厨师、高级宴会设计师、高级管理人员、职业经理人等，而餐饮业又是一个传统的、古老的行业，过去许多人看不起餐饮从业人员。现在，人们的看法虽然大为改变，餐饮业也成为社会上一个十分受人关注的行业。但是在对餐饮业人才的认识上却还有不少误区，这些误区不但社会上有，在餐饮业内部也有。

误区一：厨师比服务员重要

过去，在长期的餐饮经营中，不论是大型饭庄、酒楼还是中小型餐馆，其经营都是靠“厨师”，靠饭菜质量。一个好厨师，几个拿手菜，就能撑起一个饭庄。“厨师”在餐馆里是“中心”，一切围着“厨师”转，甚至连餐馆的投资人、经理，也都对厨师特别是厨师长怕三分。厨师在餐馆工作人员中薪金也是最高的，而服务员往往摆在末位。不过，餐饮业发展到今天，尤其是在餐饮市场竞争十分激烈的情况下，厨师比服务员重要的看法已受到很大的挑战。在餐饮的经营实践中，服务的重要性日益明显。一个餐馆经营的好坏，服务是很重要的因素，有时甚至是决定性因素。服务员技巧的差异，服务的热情与否、服务质量的好坏、服务员素质的高低，甚至决定了一个餐馆经营的成败。

这里有两层意思：

第一层面的意思是就厨师与服务员的关系而言，就像一个工厂、一个公司，厨师是生产产品的，服务员是搞销售的。尽管产品质量很重要，但没有一个好的销售系统和一群高素质的营销人员，好产品照样卖不出去。“酒香不怕巷子深”“皇帝女儿不愁嫁”的时代早已经一去不复返了。光有好的产品，没有好的营销，产品积压在仓库里，不但不能产生效益，而且还是一种浪费。从这个意义上讲，服务员比厨师重要一点儿也没错。

第二层面的意思是，产品是一个单位的有形资产，服务员是无形资产，产品的品种、质量可以说是有形的、不变的，但服务却是无形的、可变的。服务无深浅，服务无止境，一个不好的服务员，尽管饭菜再好，也可能让客人吃得不满意，下次不会再来。人们可能长期去吃一种饭菜，去一个餐馆，可能就是冲着一个优秀的服务员而去的，并会多次让她服务。不少餐馆的回头客，他们经常去光顾的原因是多方面的，但环境、卫生和服务是很重要的。

误区二：餐厅服务员比咨客重要

现在，许多大中型餐馆都设有咨客，但一些餐馆挑选的咨客只看形象、外表，甚至让一些服务不到位、不热情、技巧比较差的服务员当咨客，认为餐厅服务员比咨客重要。这就大错特错了。其实，在餐馆的经营中，咨客相当重要，她是一个餐馆的窗口，是餐馆的仪表，更是餐馆的首席营销人员。一个客人能不能进你的餐馆，进餐馆后能不能留下来，咨客起着很大的作用。特别是在一些餐馆比较多的街上，顾客挑选余地大，可以进这家. 也可以进那家，或者客人没有事先预定，也不知道今天要吃什么、到哪个餐馆去吃时，这时候咨客招徕顾客的作用便显得十分重要了。所以餐馆应该把素质最高、营销能力强、服务最热情的服务员放在咨客的位置。而且，咨客对餐馆的整体情况要熟悉，对饭菜质量、价格、品种、特色、服务设施等都要了如指掌，还要十分熟悉每个厨师会做什么菜，哪个菜做得最好。一个好的咨客就是一个好的营销经理，会给餐馆带来巨大的效益。所以有业内专家认为，餐馆在薪酬和工资、福利待遇上，咨客应该高于服务员，甚至拿楼层领班的工资。当然，这也应该要求其有相应的素质和责任。

误区三：中小餐馆没有必要请职业经理人

餐饮职业经理人是近几年餐饮经营管理中的一个新生事物。但许多人认为大餐馆、有规模的餐馆可以请职业经理人，而中小餐馆没有必要聘请，自己管理就行了。所以，目前的中小餐馆大多是谁投资谁管理，家族式管理、亲朋好友管理，很少有请职业经理人的，有许多餐馆都经营不好，甚至经营不下去。

其实，餐馆大小不一样，管理之道却是基本一样的。尤其是在餐饮店越来越多、竞争越来越激烈的情况下，管理不到位，很可能就经营不下去，反而还会亏本。与其这样，还不如自己投资，请行家、专家来管理，甚至加盟别人的连锁店。餐馆有大中小之分，职业经理人也有高中低之别。有些人认为，一般职业经理人要价高、薪酬高，餐馆难以聘请。其实不然，职业经理人的工资，是和他本人的管理水平、管理能力成正比的，要价高，说明他有管理水平、管理才能，把餐馆管理好了，有了效益，自然给经理人的待遇要高一点。另外，给职业经理人的工资可以与他给餐馆带来的效益挂钩，经营得好就多拿，经营得不好就少拿，工资一般分为两部分，底薪少一些，活工资多一些。甚至可以实行年薪制等多种工资形式。前提是要放手让他大胆管理。一般来讲，一些职业经理人也是根据自己的水平和能力去接管一个餐馆的，工资也不会漫天要价。

误区四：餐馆要不要销售部、销售经理无所谓

一般的宾馆酒店都有销售部、有销售经理，但是单纯经营餐饮的餐馆、酒楼却大多不设销售部，更没有销售部经理，这实在是一大误区。

餐馆的销售部不是可有可无的，而是必须要有的。现在的餐馆大多是等客上门，被动销售。而一个好的餐馆，必须要主动出击、主动营销，特别是一些大餐馆、大酒楼，一定要先走出去，主动推销，这样就必须设立销售部，以及专门的销售人员、销售经理。当然这个部门叫营销部也可以，叫公关销售部也行，但一定要有人，要有主管经理。而这些人，特别是经理，绝不可随便安排一个人，而是要经过专门培训，懂市场、懂经营、懂菜式，并有一定的销售经验，最好是从营销或公关专业毕业，且在别的餐馆有 2 ~ 3 年营销经验的人。这些人的职责就是经常分析餐馆销售形势，制定营销策略，整合营销资源，实施营销计划，经常走出去、请进来，拜访客户，征询意见，并组织店内的营销、促销等公关活动，对服务人员、管理人员进行营销培训等。大中型餐馆、酒楼，一定要设立专职人员，小型餐馆不一定要设专职，可以让领班、服务人员兼职，但这项工作一定要有人去做，做与不做，效果大不一样。

六、建立员工档案是做好团队管理的基础

餐饮业员工的流动性一般都很大，建立员工档案尤其必要，因为它是进行人力资源规划的基础。

员工档案一般应该包括员工的基本资料，如姓名、性别、出生年月、民族、身份证号码、婚姻及家庭状况、血型、学历、工种或职务、个人经历、奖惩状况、兴趣爱好等，还应包括员工的联系方式，如家庭住址、手机号码、E-mail 地址等，对于离职员工还应该包括离职时间、离职原因、去了何处、从事何种工作等。

记录了员工的身份证号码，将有助于日后对某些事件的追查；清楚了员工的血型，将有助于因突发事件致伤时的紧急救治；了解了员工的专长、兴趣爱好，培训才能因材施教，掌握重点培养的客观依据；根据员工的生日，餐馆可以组织一些活动，比如赠送生日贺卡，或举办生日聚会。这些看似很小的活动，却会让员工深深感受到组织的关爱，也必将鼓舞整个团队的士气，“高薪不如高兴”啊！

需要强调的是，企业应该建立健全在职员工和后备员工档案的管理制度，因为离职员工和后备员工也是企业的重要人力资源。员工离职的原因

多种多样，很多情况下，并不是员工因为不喜欢这个餐馆而离开，而往往是出于自身的无奈，或者是想多挣一些钱，或者是想多学一点手艺，其实这些完全是人之常情，无可厚非。另外，由于曾经在餐馆工作过，离职人员熟悉餐馆的环境、规章和业务流程，这也是难得的优势资源。

只要在员工档案中记录好他们的联系方式，餐馆经营管理人员定期和他们进行沟通，相信总有一天，他们会在新的层面上和餐馆进行合作。比如，原有的服务员可能会胜任领班的工作，原有的配菜可能会变成厨师，等等，因为每个人都在进步，需要的只是沟通和关注以及餐厅领导者的开放心态。后备员工可以理解为餐厅的经营管理者在餐饮行业中的一些朋友，把他们的资料收录在数据库中，餐厅缺人的时候先看看他们中间有无合适人选，至少可以减少招聘成本，也为人力资源的储备做一些积累。

在餐厅管理中，用管理软件和用手工操作没有太大的区别，只是方便了保存和统计。员工绩效考核的对象一般是专职的点菜服务员，软件可以记录并统计服务员在统计时间内的销售额，餐厅可以根据其销售额的大小进行不同的奖励。如果餐厅对某些菜品（常见的如高档酒水和高档海鲜）有销售提成，软件系统一般可以对它们进行统计，计算出某个点菜服务员开出了哪些提成菜和应该得到的提成金额，等等。

第二章　一流团队必须由一流领导者率领

一、领导者是餐馆成败的关键

在餐饮企业中，领导者起着决定性的作用。在餐饮市场激烈的竞争中，领导者自身素质的高低和管理能力的大小，是关系到餐饮企业能否生存并取得成功的关键。

案例一

杜先生听说自己家附近新开了一家餐馆，于是在一个星期六约了几位好友去那里聚餐。到了餐馆外，他看到店外落地玻璃窗明亮通透，店内装修整洁雅观，第一印象感觉很不错。他们选择了一张靠里的餐桌坐下，点了几个菜，就一边等待一边闲聊。聊着聊着，一位平日里特别仔细的好友突然问道："这家餐馆的服务员是不是太多了？"于是，大家把注意力转向了服务现场，细细观察……很快，他们发现了不少问题：一是咨客岗位设置不合理。门口有一名咨客，但餐馆位置较偏，没有多少路过的客人，大部分都是附近小区的常客，因此咨客并没有多少事可做，显得十分无聊。二是服务员人数过多。餐馆只有七八张餐桌，而服务员就有七名，平均一人服务一张餐桌，所以大部分时间她们在扎堆儿闲聊。三是厨师人数不够。经询问，原来只有一名厨师，显然忙不过来，各张餐桌上客人催促上菜的声音此起彼伏。四是服务员态度很热情。一喊就到，但是服务技能却不熟练，上菜时不知道怎么摆放，问有什么主食，一会儿说有面条，过一会儿又说没有了。五是服务员没有划分出明确的服务范围。既有一张餐桌有几名服务员来服务的现象，也有一名服务员同时服务几张餐桌的现象，现场秩序很混乱。大家最后得出结论，认为这家餐馆维持不了多久。

果然，两个月后，杜先生再次路过该处，发现餐馆已经关门了。

案例二

成都有一家耗资数千万元打造的高档中餐酒楼，仅室内经营面积就达7000余平方米，开业之初曾在成都餐饮市场名噪一时，但在2008年的12月份，大多数中餐酒楼已经明显感觉生意回暖、旺季来临的时候，它的生意却不进反退、一落千丈，营业额不足90万元，创下年内最低月营业额，而且以后一蹶不振，成为行业内一个笑柄。

专家分析，该酒楼生意颓败的原因，主要是该酒楼的总经理（系职业经理人）是一个不折不扣故步自封的奴才型的“管家婆”，而不是一个具有战略思想和经济头脑的开拓型人才。

这位已年届五旬、自称行家的老者，是典型一个变色龙。平时对待下属和协作伙伴都是一副趾高气昂、飞扬跋扈的模样，随时挂在嘴边的一句话就是：想当初我在深圳搞的××集团如何如何，这足以吓退很多年轻一辈的管理人员，而让很多的合作伙伴像躲瘟神一样地对他避而远之。可在他老板面前，就立马变成了另一副嘴脸，极尽阿谀奉承、溜须拍马之能事。他刚一应聘到这个酒楼担任总经理时，就开始对前任的管理和经营套路大加批驳、口头上全盘否定，号称要引入他从深圳带回来的最先进的管理模式，把酒楼带上几个台阶。也是他运气好，他的前任在离职前不久刚刚推出了一套创新经营方案，且已初见成效。借着这股东风，之后的几个月酒楼人气和收入情况越来越好，他趁势在老板面前一个劲儿地讨好卖乖，将所有的功劳都归于己身，还不忘再借机挖苦前任几句。可惜好景不长，由于这位总经理几乎把全部的精力都用在了抓细节管理和揣摩老板心思上去了，又不善于经营规划，对前任的创新经营方案也未能完全悟透，后期的执行效果被大打折扣，良好的经营势头在几个月后开始放缓了。

无论是前一个案例表现出的人员配置不合理、服务员缺乏专业技能的培训、还是岗位职责不明确，还是后一个案例中德才皆无的总经理，其背后的实质是餐馆的老板没有从战略性的高度去看待人力资源管理和团队建设的问题，餐馆以及餐馆各个部门也缺乏能干的领导者去统筹管理。

上述问题其实在众多的餐饮企业中普遍存在。为了提高团队的执行力，提升顾客的满意度，餐馆老板应该尽快培养自己战略性人力资源管理的意识，加强对各个层级、各个部门的领导，这样才能在当今这个管理逐步规范化、科学化的时代不断发掘、保持、巩固和强化其餐馆的竞争优势，立于不败之地。

二、打造一流的楼面主管

楼面主管是使优良服务得以贯穿餐馆服务过程的关键人物，在整个餐馆服务中起着组织、带头、督导、协调的作用，是餐馆服务舞台上的主心骨、现场指挥者。毫不夸张地说，有一个优秀的楼面主管，就已经成功了一半。有统计表明：现代餐饮业之所以成功，80%要归功于楼面主管。

一个好的楼面主管，必须履行好以下职责：

（1）恰当地运用权力才能树立自己的权威，管理好下属。楼面主管必须了解正规化的管理内容，以便管理起来融会贯通、得心应手。大的餐馆酒楼楼面主管手下有楼面经理、传菜（传菜部）主管、营业部主任等，故楼面主管对这几部分主管的权责都应了解。当然，中小型餐饮店没分得这么细，楼面主管便要身兼数职了。

（2）负责领班以下员工的考勤、考绩工作，根据他们工作表现的好坏，有权进行表扬奖励或批评处罚。

（3）根据工作需要，有权向员工发指示或调动他们的工作。

（4）有签署下属上报的申购、领用、加班、休假等权力。

（5）全权处理本部门的日常业务工作，处理客人的投诉。

（6）有一定的打折权力。

楼面主管应是下属员工的榜样，所谓“上梁不正下梁歪”，要培养团队精神，首先自己必须作出表率。所以，一流的楼面主管，其业务要求相当高。比如，管理好下属员工，熟悉业务规范，指挥得当，以理服人，树立权威；熟悉和掌握中餐或西餐的宴会、酒会及散餐的服务规程；熟悉各种宴会、酒会、茶话会、冷餐会及各种会议的设计布置与安排；熟悉附近各餐馆的营业时间及供应品种；努力学习业务和专业知识，不断扩大知识面，提高管理水平；了解各类宾客的风俗习惯，品味特点，特别是重要客人、熟客的习惯特点，建立档案，以便有针对性地为客人服务，等等。

楼面主管这个位置，与其他职位不同的是，与老板的相处尤其重要。要获得信任，就要有相应的实力，具备一定的技巧。

（1）站在餐馆整体的立场考虑问题、发表意见。不少楼面主管都觉得只有自己所做的工作或自己所属的部门才是餐馆的主体，其他部门对餐馆贡献很少。像这样只考虑自己而不考虑餐馆整体立场的人，会使老板觉得想法偏激，不能成大器。

（2）考虑老板的立场。餐饮业竞争激烈，谁都不知道会有什么突发事件，餐馆里经常会有种种意外事件发生。这时你就应该站在老板的立场，不能袖手旁观，更不能幸灾乐祸，而应积极地协助他处理问题，老板必定会因此而感激你。

（3）少说多做。平常默默地工作，遇到事情才适时地表现一下，这留给老板的印象一定会很深刻，认为你这人话虽少，但都很中肯。

（4）适时地鼓励老板。现在老板不是好当的，即使餐馆业绩稍微提高，将来怎么样也很难说。眼看着原料价格一天天地飞涨，员工工资也不得不随物价上涨而调整，可是利润却没能提高，老板当然会心急如焚。这时，如果作为中坚的楼面主管鼓励他：“没关系，我们大家加油，好好做下去。”老板也会产生勇气。

三、打造一流的传菜部主管

传菜部是一个平常轻松，但在高峰时绝不容许出错的部门。一个菜式的错乱，就会给厨房、楼面、收银、客人四方面带来怨气。所以，一个好的传菜部主管，必须督导传菜员迅速准确地完成传菜工作，做好厨房与前厅、包间的菜品服务的衔接工作，协调两个部门间的菜品服务工作及问题，保证出品的标准程序和其他相关的出品标准，从而保障服务流程的顺畅和提高顾客满意度。

一个好的传菜部主管，必须履行好以下职责：

（1）负责本部门开餐前的准备工作，并协助楼面布置餐馆餐桌、摆餐台及补充各种物品，做好全面准备。

（2）负责安排传菜员将厨房烹制好的菜肴食品准确及时地传送给餐馆值台服务员。

（3）负责安排好传菜员将值台服务员开出的并经账台收款员盖章的饭菜订单传送给厨房内堂口。

（4）严格把好饭菜食品质量关，不符合质量标准的菜肴传菜员有权拒绝传送。

（5）严格执行传送菜点服务规范，确保准确迅速。

（6）与楼面主管和厨房主管保持良好的联系，搞好前台（餐馆）、后台（厨房）的关系。

（7）协助楼面做好客人就餐后的清洁整理工作。

（8）负责传菜用具物品及菜廊的清洁卫生工作。

（9）负责主持传菜部的业务培训，提高服务水平，完成上级交派的其他任务。

作为传菜部主管，应该熟知并执行好每天的工作内容。开餐前，确定当晚的特殊传菜任务，以及重要客人或宴会的传菜注意事项。按照工作程序与标准，督导本组员工做好餐前的准备工作，并亲自操作，例如，拿米饭、准备银托及托盘、打开热水器开关、准备小毛巾等。传菜过程中，应不断检查菜的质量和数量，控制传菜速度。每日下班前，应检查热水器、毛巾箱电源的关闭情况，并收回各种用具，与下一班做好交接工作。

餐中传菜是一个非常复杂的过程，传菜部主管只有掌握了各个步骤的要点，才能保证本部工作进行顺畅。

（1）接点菜单。检查是否盖章，无盖章的退回。

（2）发餐台夹。送入厨单，根据菜肴数量发餐台夹（用码斗装，划单员负责），交给厨房主案师傅，将点菜单按顺序排列夹好。注意台号相符，加急制作的菜肴要特别讲明。

（3）核对划单。从传菜口接过做好的菜品，放在备餐台上的托盘中核

对台位、划单，不符的退回厨房。检查上菜顺序是否合适，菜肴的感观度是否符合要求，盘边不干净的要擦干净。

(4) 准备起菜。将菜肴用菜盖盖上，检查是否有带餐台夹，根据需要配上汤勺、洗手盅等。

(5) 传菜。将菜点及时送到值台员手中或备餐台上，告诉值台员菜肴名称，带出撤下的空盘，将装满空盘的餐盒送入洗涤间。接受服务人员的点菜单，协助服务员工作（上菜、听从客人的要求、为客人找服务员等），做到随出随传，不压菜，台位准确无差错。若值台员不在，可放在备餐台，或交给有关服务人员，备餐台的空盘也要随之带走。

(6) 沟通与协调。及时将前厅对出菜的要求以及客人要求再制作的菜肴及时告之厨房，处理客人催菜时与厨房的沟通和协调。

在对传菜过程的管理中，传菜部主管要切记“十不传原则”：

一是餐具破损不传。

二是不见菜单不传（传菜部有一份客人的点菜单，要严格按照菜单上菜，防止上错或内部人员私自加菜）。

三是菜品有异物不传。

四是菜品分量不足不传。

五是配菜不对不传（根据菜品名称，传菜部人员应该熟知每道菜的主料、副料）。

六是菜品有异味不传。

七是菜品色泽不好不传。

八是菜品没有夹子不传（每道菜品盘边都有用夹子夹着从厨房打印的小单，上面有客人的就餐桌号、菜品名称、厨师号等，避免走乱）。

九是装盘不符合规定不传。

十是出菜次序错误不传。

四、打造一流的出品部主管

出品部的出品是直接进入顾客口中的食物，好与不好，直接影响餐馆的信誉，关乎餐馆的“生命”，因此绝不能等闲视之。

出品部主管的职权，包括组织和指挥安排厨房生产、决定厨房班次、安排厨房各岗位人员、对厨房员工作出奖惩决定、提出厨房员工招聘及辞退的建议、对采购部门不符合质量要求和未经申请而采购的厨房食品原料作出处理决定等。其管理对象，有锅线线长、砧线线长、荷线线长、上杂线长、水台线长、点心部领班、味部领班等。

一个好的出品部主管，必须对厨房管理工作全权负责，组织和指挥烹饪工作，确保出品质量均能达到标准。具体来说，应该履行好以下职责：

（1）负责制定菜单和菜谱。

（2）制定各线的操作规程及岗位责任制，确保厨房工作正常进行。

（3）根据各线原料使用情况和库房存货数量，制订原料订购计划，控制原料的进货质量。

（4）经常检查原材料库存情况，防止食材变质、短缺。

（5）确保合理使用原材料，控制菜品的装盘，规格和数量，把好质量关，减少损耗，降低成本。

（6）掌握每一个厨师的技术专长，合理安排其技术岗位。

（7）掌握每天的任务情况，统筹安排各个环节的工作。

（8）每日检查厨房卫生，认真执行食品卫生法，把好食品卫生关，杜绝食品中毒事件。

（9）根据市场价格，抓好成本核算。

(10)每天下班前检查厨房的生产设备是否正常，及时通知工程部解除设备故障。

(11)定期开展厨师的技术培训，对厨师技术水平进行考核、评估。

(12)与餐馆保持密切的联系，经常收集客人意见，不断提高食品制作水平。

(13)协调厨房工作与其他部门之间的关系，根据厨师的业务能力和技术特长，决定各岗位的人员安排和调动。

(14)根据各岗位的生产特点和餐馆营业状况，编制厨房工作时间表，检查下属主管对员工的考勤考核工作。

(15)督导各厨房管理人员对设备、用具进行科学管理，审定厨房设备用具更新添置计划。

(16)定期听取厨房人员的工作汇报，及时处理运行工作中出现的问题。

(17)审定厨房的工作计划、培训计划、规章制度、岗位工作程序及其标准。

(18)负责菜点出品质量的检查、控制工作，必要时亲自烹制高规格以及重要宾客的菜肴。

(19)定期总结、分析生产经营情况，改进生产工艺，准确控制成本，不断提高厨房的生产质量和经济效益。

(20)负责对贵重食品原料的申购、验收、领料、使用等方面的检查控制工作。

(21)主动征求客人以及餐馆对产品质量和生产供应方面的意见，采取有效的改进措施；负责处理客人对菜点质量方面的投诉。

(22)巡视检查各岗位出勤、班次安排及工作职责的执行情况，检查厨房用具及设备设施的清洁、安全及完好状况，检查厨房食品及其环境的清洁卫生状况，检查储存原料及食品的质量和数量，发现问题及时安排解决。

（23）签署有关工作方面的各类报告。

（24）根据餐饮推销计划和食品原料的季节特点，计划组织相应菜肴的生产工作，不断更新和丰富菜肴品种。

（25）完成上司布置的其他各项工作。

五、打造一流的采购部主管

采购部负责餐馆日常物资的采购供应工作，它在餐馆和财务部的统一管理下，根据实际工作的要求，适时、适量、适价、适地、经济合理地采购各部门所需要的物品，确保餐馆经营活动正常进行。

一个好的采购部主管，必须履行好以下职责：

（1）直接对餐饮业（餐馆）老板和财务总监负责，确保各项采购任务的顺利完成。

（2）主持采购部的全面工作。

（3）审核年度采购计划，统筹策划和确定采购内容。

（4）参与大宗商品及国外进口货物订货的业务洽谈并检查合同执行情况。

（5）熟悉和掌握餐馆所需各类物资的名称、型号、规格、价格、用途和产地。

（6）指导下属开展业务，不断提高业务技能。

（7）接受财务部总监的监督。

（8）经常到部门了解物资的使用情况及请购物资的规格、型号、数量，避免错购。

（9）对比采购申请数和仓库存货数。对各部门所需物资按先急后缓的原则安排采购，积极与供货单位取得经常联系。

（10）力争使所购物资物美价廉，对不符合要求的产品，负责办理退货、补货或调换。

（11）严格遵守财务制度，购进的一切货物首先要办理进仓手续，然后到财务报账，不拖账、挂账。

（12）协助仓库搞好物品入库的验收工作。

（13）根据餐馆的采购步骤，做好比价、报价、定价、进货等一切事宜。

（14）与厨房、仓库密切联系，对请购物品是刚进货不久的，应先了解请购物品的库存量及安全库存，再进行采购。

（15）与往来供应商密切联系，请其提供最新产品，并将同类产品的价格、内容、品质及付款条件，做一个适当的比价表格再呈报上司。

（16）定期到市场搜集各种生鲜、水果、蔬菜、肉类、调味品及其他物品的价格，并随时注意报纸上各类物品的价格，供上司参考，以此作为与供应商议价的基础。

（17）了解各种生鲜物品的保存期限，以及市场休市的情况，做好事前准备。

（18）接受上司临时交办的采购事项。

要强调的是，餐饮企业多为私营企业，家族式管理的居多，面对这些现象，许多老板就会安排自己的亲信来担任采购职务，他们认为如果自己人也有问题好歹也是“肥水不流外人田”，而并没有一套现代企业制度和监督管理体制，对于每天到底应该赚多少钱自己也不是很清楚。

所以，采购部主管应牵头制定以下采购制度：

一是建立原材料采购计划和审批流程。厨师长或厨房的负责人每天晚上根据本部门的经营收支、物资储备情况确定物资采购量，并填制采购单，报送采购部门。采购计划由采购部门制订，报送财务部经理并呈报总经理批准后，通知供货商。

二是建立严格的采购询价报价体系。财务部设立专门的物价员，定期对日常消耗的原料、辅料进行广泛的市场价格咨询，坚持货比三家的原则，对物资采购的报价进行分析反馈，如发现有差异应及时督促纠正。对于每天使用的蔬菜、肉、禽、蛋、水果等原材料，根据市场行情每周进行一次市场调查，定价人员由使用部门负责人、财务人员组成，对供应商所提供物品的质量和价格两方面进行公开、公平的选择。对新增物资及大宗物资、零星紧急采购的物资，须附有精准的采购单才能报账。

三是建立严格的采购验货制度，严格控制采购物资的库存量，根据本店的经营情况合理设置库存量的上下限，避免原材料变质造成的损失。

六、打造一流的仓管部主管

一般有条件的餐馆都会设置一个仓库，作储备物资之用，有的甚至租用冷库以便保存鲜活产品。餐馆的仓库是存放物资产品的地方，然而又不是单纯寄放物品的场所，因为仓库业务的管理涉及对物资产品的进库、存放、保管、发货、核查等多种复杂的管理工作程序。所以仓库管理工作既是技术性的管理，同时又是经济政策性的管理。餐饮企业的仓库犹如一座金融保险库，存放在里面的东西就好像是现钞一样。因此，仓管部主管的工作务必做到万无一失。

一个好的仓管部主管，必须履行好以下职责：

（1）主持仓管部的全面工作，做好仓库的筹划、调度和督导工作。

（2）对物资的保管和收发负有重要责任。加强控制审查各部门领用物资数量，严格把关，合理使用物料，节约损耗。

（3）督促仓管员严格把好物资进仓的验收关。

（4）严格执行物资管理制度，督促部属加强对库存物资的管理，检查防火、防盗、防虫蛀、防鼠咬、防霉坏等安全措施和卫生措施是否落实。保证库存物资的完好无损，物资存放要有条理，整齐美观。

（5）抽查物资与账目是否账账相符、账物相符。

（6）对部属的素质负有培训之责，不断提高部属的业务水平和工作能力。

（7）了解下属的思想情况，检查班组的出勤及工作情况，注意发挥和调动其积极性和增强其责任感。

（8）督促下属做好内退旧物资的回收工作，将卖旧物资所得金额另行记账交财务部门。

（9）经常不断地检查工作进度，完成各部门的物资补给项目，绝不能造成短缺。

（10）努力学习本工作范围的业务知识，即餐馆管理知识、物资验收和保管知识等。熟记仓库物资品种、物资使用的变化规律，使管理条理化、规范化和科学化。

（11）发现问题及时解决，遇到重大事情及时向上级请示汇报。

（12）完成上级委派的其他工作。

餐馆不仅要对仓库安全及质量进行管理，还需对出库与入库物流进行管理。因此，仓管部主管应该牵头建立各项岗位责任管理制度，加强对仓库物资的动态管理。仓库动态管理的主要内容包括物资收发的记账程序、仓库货物的清点等。

一是制定严格的管理操作细则，明确管理人员对物资流动管理的具体要求，主要有物资产品进库、存放、发货、查验等环节的控制，以便能够按照进货有数、储备有序、发料有据的规程运作。物资入库要先验收，后收料入账，进库物品均应定量过磅入库。

二是各种物品都应设置明细台账，收入、发出、结存都按时登卡记账。同时要进行定期检查，核实来往账目，并定期清仓查库，做到账目、登记卡、物资和资金互相吻合。

三是用盘存制控制物品的储存数量。仓库物品的流动和周转非常频繁，为了有效地确定仓库物品的储存数额，可以采用实地盘存法和永续盘存法两种基本做法。实地盘存法是根据物品储存次序编制表格，按序清点，通常每月盘存一次，以便为计算物品的成本提供必要的资料数据。永续盘存法的关键是使各种记录吻合一致，在任何时候都能及时了解物品的库存数量和金额有多少。当然最理想的做法是把两种盘存法结合起来使用，以达到最有效的控制作用。

七、打造一流的酒水部主管

在餐馆经营活动中，酒和饮品销售量是相当大的。它的销售利润高于食品，是餐馆商品利润较高的一个经营项目。

酒水部是专门负责酒和饮品销售管理的一个部门。它对餐馆里的酒和饮品的销售和推广，承担着重要的责任。因此，不能看轻酒水部主管之职，而熟悉本部的各种业务内容，对主管来说更是十分必要。

一位朋友自恃熟悉酒吧礼仪服务，去报考当某餐馆的酒水部主管。岂料主考的餐饮总监问了他几个简单的酒知识问题，他竟哑口无言。总监对他说："年轻人，酒的知识对你当好主管是十分必要的。酒客中藏龙卧虎，主管接待客人必须对答如流，才能争得熟客，宣传餐馆的品牌形象。你还是回家学习学习，再来报考主管吧。"

由此可见，对酒水部主管的要求可谓是很高的。

一个好的酒水部主管，必须履行好以下职责：

（1）对餐饮总监负责，负责酒水部的全面业务和管理。

（2）负责本部门工作的策划，负责对中西餐宴会、酒会、冷餐会的酒水服务工作的策划。

（3）对酒水部员工的素质、服务水准、服务技巧，负有培训提高的责任。

（4）处理本部门的日常事务工作。

（5）负责制定酒水部服务程序和服务标准，并组织实施。

（6）根据营业情况为员工排班，监督和指导员工正确工作。

（7）负责建立并实施酒水质量检查控制制度，杜绝酒水浪费现象。

（8）负责检查酒水物资、设备和用具的使用与管理工作，并签署领货单及物品申购计划。

（9）与客人保持良好的关系，亲自参与贵宾的接待工作。正确处理客人投诉，确保服务素质。

（10）负责检查结账情况，协助成本会计做好酒水成本控制。

（11）负责酒水部的设备维护与保养工作。

（12）随时掌握餐饮经营中酒水销售和竞争方面的信息，负责酒水单的制定和价格的核算工作，积极组织各种酒水促销活动，提高餐饮部的经营水平。

（13）定期对员工进行业务培训，督促员工遵守餐馆的规章制度，并对员工进行考核评估。

（14）及时、认真地完成上级布置的其他各项任务。

在业务要求方面，酒水部主管应该熟悉各种中国名酒、洋酒知识，各类酒的酿制方法，善于推销各种酒类；研究酒的陈年问题的基本知识，能研究各种酒的度数、成分及对人体的益处，熟悉各种酒的储存知识和技术；经常研究和制定新的酒牌，创制新的鸡尾酒，丰富酒及饮品的供应品种，满足宾客的需要；熟悉酒吧间，中西餐馆酒吧，宴会、酒会、鸡尾酒会的服务特点和服务程序。

酒水部主管的工作内容，除安排服务员做好日常酒及饮品的销售服务活动外，还要负责各种形式、各种规格的宴会、酒会特别是重要宴会中酒水服务的策划和安排。在餐馆营业前，应了解各销售服务点的酒及饮品的库存情况，组织好进货；督导酒水员对进货的酒及饮品进行清洁，并分类装入冰箱或酒柜；检查宴会或酒会的吧台设计，各种酒及饮品的摆放位置是否妥当，服务工具、器具是否齐全；检查调制鸡尾酒用的装饰品是否齐全。在餐馆营业时，应督导工作人员按程序热情周到地为宾客服务，巡检餐馆酒及饮品的储存、陈列、销售情况。必要时，还要亲自进行接待服务，处理客人投诉。

八、打造一流的财务部主管

财务部是餐馆的心脏部门。财务部主管是老板的左右手，除了要熟悉权责与业务工作要求外，还应熟悉会计师、出纳员、收款员、稽核员等各主要下属的职责，并掌握会计核算的全过程，以及账册表的制作等。

财务部人员的道德操守十分重要，主管更要以身作则，必须时刻教育员工廉洁、奉公守法，养成精打细算的作风。财务部主管的职权，包括对所辖各类人员的考勤、考核工作，根据他们业务实绩进行表扬或批评，奖励或处罚；向总经理建议任免所辖各类干部；任免领班以下的员工；处理所管部门的一切日常业务和事务工作；向下级下达工作和生产任务，向他们发指示和进行工作策划；根据本部的实际情况和工作需要，增减员工和调动他们的工作。

一个好的财务部主管，必须履行好以下职责：

（1）对总经理负责，管理财务部的全面工作。

（2）控制预算案，指导制定餐馆经营政策。

（3）管理现金流量、货款及货币兑换。

（4）贯彻执行总经理下达的各项工作任务，处理所管部门的日常业务。

（5）审查和批示各部门的营业报表和工作报告。

（6）主持各部门日常业务会议和部务会议，进行营业分析，作出经营决策和制订成本控制方案。

（7）参加总经理召开的总监一级和部门经理例会、业务协调会议，建立良好的公共关系。

（8）对部属的工作进行策划与督导，培养他们不断提高管理水平和业务能力。

在餐馆运作的各个环节中，财务部主管要特别注意抓好销售与收入环节上的管理。餐饮业的经营点多面广，销售与收入繁杂，时间性强。销售收入的实现，一般情况下是由服务员填写消费单，通过提供产品、劳务服务，收银台依据服务员传递的消费单和现金进行结算。在会计核算上，要及时、真实、准确、全面地反映销售与收入情况，严格制定管理制度，设专职稽核员，负责核查当日收入的实现状况是否正确；消费单要落实专人保管，建立保管、领取、使用登记制度，每月末清查核对，做好销账工作，同时经营点、收银台、服务员、稽核员的消费单要相互核对，做到账账相符，对外卖点做好收发过秤的登记制度，每天对账结算，制定外卖的操作程序、原始单据的传递程序，收银员依据原始附件填制日收入报表，保证会计核算收入真实、准确、完整。

餐饮业还有一个很敏感的问题，就是公款消费的签单问题。而公款消费领导们常常不愿意签单，往往是叫部下或随行的司机签单。另外在收款时，有些签单部门又要求打折，这样应收与实收就存在差额，容易产生漏洞，造成漏账的现象，给餐馆带来损失。因此，财务部主管应完善签单的管理制度，做好签单信用程度的调查，确定有能力签单部门的人员，另外在签单时就把折扣确定好，做好宣传工作，做到应收与实收金额一致，做到账实相符。

此外，财务部主管还应建立健全打折权限的管理制度。餐饮的收费经常在打折，尤其包间收费，如果每次打折都要经理签字，工作量大，部门负责人工作也有难度。因此应针对餐饮的特点，制定打折权限的管理制度，在淡季、旺季、团队消费、学生组团消费时，授予各单位、部门、总台、服务员分级打折的权限，需打折时，各授权人员分别在打折权限内签字，需越权打折的需再向上一级领导请示，以便促进生产经营的发展。

九、打造一流的保安部主管

当餐馆保安部主管比当一般保安要求高得多。不但要作风正派、公正廉明，还得多用脑子，懂得管理，激励下属员工发挥主观能动性，使整个保安部形成一个铁拳头，防止犯罪、制止歪风邪气，防患于未然，保障餐馆的安全。

保安部主管负责保安部的全面工作，对餐馆治安、安全保卫工作负有重要责任。大型餐饮企业，保安部主管下属还设保安主任与保安班长、消防主管，职责分明，以使餐馆的保安工作做到最好。

保安部主管的职权，包括根据部属员工的工作表现情况进行表扬批评、奖励或处罚，提升或建议总经理提升工作积极、认真负责、业务熟练、有管理潜质的员工；调动保安、消防人员及其他部门人员应对危急事件，如

刑事犯罪、火警等事件进行紧急处理，防止事态扩大；对餐馆、宿舍等治安保卫、消防等不够严密和完善的方面，有权向总经理建议，使之逐步严密、完善。

保安部主管必须熟悉和掌握餐馆内部的治安情况，了解和掌握社会治安情况及其对餐馆的影响，对治安工作要有敏感性，积极主动地做好治安保卫工作，防患于未然。同时，善于策划餐馆的安全保卫工作。在危急情况下能够沉着冷静，善于指挥，使危急事件能够得到迅速妥善的处理。

一个好的保安部主管，必须履行好以下职责：

（1）负责制定各种有关制度。负责制定餐馆的各项安全管理制度，如治安管理制度、防火制度（消防作战行动方案）、保密制度、安全管理奖罚制度等；协同各部门制定安全生产岗位责任制度和安全生产的培训、考核及落实检查制度；制定特别安全管理制度，如重要接待任务的安全措施，重大节假日的安全管理制度。

（2）负责餐馆的安全保卫工作。若发现餐馆及有关经营场所内有犯罪活动，要及时报告总经理及公安部门，并配合公安部门调查侦破各类案件。若店内员工在店外犯罪，同样要配合公安部门调查侦破案件，打击违法犯罪分子的犯罪活动；负责餐馆范围内的治安管理和警卫工作。根据国家安全法规和餐馆的安全制度督导和检查责任人和部门的执行情况；负责督导和检查各部门的安全防火措施，加强对餐馆及有关经营场所的消防设备、器材的检查与管理；负责管理餐馆有关治安工作的档案、资料。

(3) 负责餐馆员工的安全教育、培训、宣传工作。根据形势和餐馆各时期的中心任务，负责对职工进行治安知识、安全意识及法制观念的教育及宣传工作，对下属进行培训，提高其素质、工作能力、业务能力；根据餐馆的实际情况定期对专职和义务消防人员、管理人员进行培训及考核；了解和掌握餐馆员工的各种思想和表现情况，配合各部门做好违法乱纪人员的教育转化工作，防止犯罪。

十、打造一流的鱼池部主管

鱼池部是餐馆负责订货、验收、饲养、出售水产品（包括野味、蛇类）的供应工作部门，该部门工作的好坏直接影响餐馆的生意与利润。

作为餐馆开源节流的重要部门，鱼池部人员除了在工作中掌握必要的知识与工作经验外，还应做好与各部门的协调工作，才能确保餐馆的工作能正常良好地运行。

一个好的鱼池部主管，必须履行好以下职责：

(1) 制订水产品进货计划。进货计划做得好与坏直接关系到营业情况，计划做大了会造成资金的积压和增大养殖的工作量，更增大了风险。因为水产品的适应能力较差，一旦有不利的情况出现，如：天气情况的变化，偶然的停电，人为的操作程序的误差等，就会造成水产品的死亡，使餐馆蒙受经济损失。计划做小了，会造成销售不足，使客人得不到满足，影响餐馆形象和餐馆收入。所以说合理的进货计划是餐馆经营的一大关键。计划包括：水产品、冰、海水晶、盐等方面。

（2）价格的控制与市场的了解。价格是反映经营成本和赢利的一个参数。鱼池部主管要在工作中严格地控制进货的价格，使餐馆经营的成本降到最低，以较低的价格购入较好的水产品，使菜式达到物美价廉，以吸引更多的客人。要想做到较好地控制水产品的价格，就必须对水产品市场有一个较全面的了解。因此，作为鱼池部主管，在主管水产品价格的工作时，必须经常到各水产市场了解市场行情，对每一阶段市场上水产品的供求情况做到心中有数，了然于胸。如当季哪些水产品数量较多，容易采购到货，而哪些水产品较为稀少，价格较为昂贵等，以便采购计划的制订。同时需要对当时价格进行及时地反馈，以便于其他各部的工作顺利进行。

（3）对鱼池卫生情况进行检查与监督。鱼池部的主要工作地点就是鱼池，鱼池的清洁情况反映了鱼池工的工作态度。如果鱼池不够清洁，不仅会影响顾客的心情，更重要的是可能造成水产品生病甚至死亡，直接影响餐馆的效益。所以鱼池部主管应该在每一次对鱼池的清洁后，进行仔细地检查，以保证达到外观整洁，内部清洁的效果。

（4）对海鲜水的调配、控制与检查。海鲜水是人工调配的人造海水，是海鲜赖以生存的环境。没有适当的咸度和温度，海鲜就难以生存，所以海鲜水的调配至关重要。海鲜水调配完毕后应进行几次检查，以确定咸度适中。在养殖过程中，鱼池部主管要经常检查、测量温度，确保海鲜的鲜、活。

（5）对员工的纪律情况进行控制、记录。鱼池部的管理是餐馆赋予鱼池部主管的职责，是鱼池部主管作为管理者的一项重要职责。

（6）与各部门有效沟通。作为与各部门之间进行沟通的桥梁和窗口，鱼池部主管在工作中应经常与厨部、楼面等部门沟通。如与楼面沟通，了解顾客的需求品种、需要量，以便每月计划的制订；了解顾客的喜好，以便在销售过程中便于推销与操作；又如与厨部沟通，把需要急推的种类供给厨部制作等。

第三章　让团队永远由合适的人组成

一、积极留住骨干员工

在知识经济的时代，高素质已经成为财富与工作机会的主要创造者，甚至每家公司的成功都将仰赖旗下的知识人力的绩效而定。要保持良好的执行力，留住这些骨干员工，并让这些员工发挥最大的生产力，是目前企业所面临的最大挑战。

骨干员工的离职，有时对企业来讲是一种灾难。因为这些骨干员工拥有核心技术、经验、客户关系，他们的离开可能带走公司关键技术或顾客、更有甚者挖走一大批员工到竞争对手的公司上班，对企业计划的执行造成的损失往往是难以估算的。

现在已没有一家餐馆能将自己与外世隔绝，阻止外来竞争的侵袭，餐馆的骨干员工也始终不断地收到来自外界提供工作机会的信息。所以，餐馆要有一套留住骨干员工的方法与机制，而且这套机制不是等到员工要走了或是面临同业挖角时才启动，应该在员工刚加入餐馆时就启动。

餐饮业人力资源管理专家指出，打造留任方案有五个关键：

（1）必须是有计划性的，不是想到什么做什么。

（2）必须是以骨干员工个人需求来打造留任方案，而非打造一个留任方案适用所有骨干员工。

（3）评估谁是骨干员工时，需要从组织远景的角度来评估，而非仅考虑现在的状况。留任方案应是长期的、策略性的，要有大胆投资员工的魄力。

（4）各餐馆应该根据自身的特点来定义关键员工的范围。有些餐馆会与接班人计划结合，而最简单的方法是依员工的表现选出绩效最佳的前5%。

（5）接着为骨干员工量身定做留任方案。既然是餐馆的骨干员工，就值得餐馆将80%以上的留任资源，运用在少数几个人身上。除了一般常用的具有竞争力的薪酬、福利、培训等之外，从长期的财务成长到弹性的工作安排，从舒适的工作环境到员工小孩的照顾等，都应该多方面考虑。

然后通过有效的绩效回馈机制，对员工优秀的表现给予奖励，也从中了解员工对餐馆的意见。尤其重要的是在绩效晤谈中察觉员工的不满，并立即给予响应与解决。

留住骨干员工的要点是留“心”，要留住员工的心，除了留任方案的提供外，最重要的是要让员工感到餐馆对自己价值的认同，并进而建立对公司的忠诚。

案例

小朱在一家颇具规模的潮州菜馆担任人力资源部主管。餐馆出品部有个员工，有段时间上班频频迟到，还消极怠工，给该部门留下了非常恶劣的影响。老总的意思是让他走人，并征求小朱的意见。本着谨慎的原则，小朱找到他本人，了解情况，知道了真正的原因是：该员工进入餐馆初期工作勤恳，由于他曾就本部门的工作向上级提出过一些合理化的建议却未被重视，内心非常苦闷，为了发泄心中的不满并引起上级的注意，从而采用了这种方法。结合他本人的想法和工作需要，小朱后来向老总建议给他安排了另外一个岗位，并给他增加了工作量，结果3个月下来，该员工积极性高涨，用良好的工作绩效证明了自己的能力。

二、让每一位员工都有发挥的空间

有这样一个著名的管理学故事：

一位企业家在做报告。当听众咨询他最成功的做法时，他拿起粉笔在黑板上画了一个圈，只是并没有画圆满，留下一个缺口。他反问道："这是什么?""零""圈""未完成的事业""成功"，台下的听众七嘴八舌地答道。他对这些回答不置可否："其实，这只是一个未画完整的句号。你们问我为什么会取得辉煌的业绩，其实道理很简单：我不会把事情做得很圆满，就像画个句号，一定要留个缺口，让我的下属去填满它。"

这个故事说明的是，事必躬亲，是对员工智慧的扼杀，其结果往往是事与愿违。长此以往，员工容易形成惰性，责任心会大大降低，会把责任全推给管理者。情况严重者，会导致员工产生腻烦心理，即便工作出现错误也不情愿向管理者提出。何况人无完人，个人的智慧毕竟是有限的、片面的。为员工画好蓝图，给员工留下空间，发挥他们的智慧，他们会画得更好。

案例

世界著名的快餐连锁店 Taco Bell，在 20 世纪 80 年代早期曾经相当的破败不堪。正如当时快餐业中许多其他的公司一样，Taco Bell 也是一个由上至下、层次很多的"命令和控制"型的组织，这就是说，每个管理层主要关心的就是监督位于它们之下的层次。公司靠控制推动，也为控制所困扰，任何事情都有条条框框。1983 年，约翰·马丁加盟后，创建了团队管理单位（Team Managed Units，TMUs）。TMUs 是由训练有素的员工组成的团队，他们在没有专职经理监督的情况下自主运营餐馆。团队负责发现问题且具有解决问题的职权和能力。Taco Bell 的信条是，直接同顾客打交道的员工能够向顾客提供最好的价值。到 1993 年年底，公司所拥有餐馆的 90% 都实现了 TMUs 方式。TMUs 计划也使餐馆总经理的职位变得更加有效了，餐馆总经理在日常事务上所花的时间减少了，从而有了更多的时间来培训和激励员工、与顾客交流和发展社区关系、设法开发新的业务渠道。

专家们如此评论 TMUs：归根结底，给人们机会、向他们提供手段和培训、让他们成为主人翁、停止事无巨细的管理，他们的成就将使你目瞪口呆。过去，市场经理除了对业务更外行一些，基本上只是餐馆经理的延伸而已。现在，同样一个人，平均大概可以管理 50 个供应点。他们负责着好几百万的家当。他们中的许多人管理着的不仅仅是传统的餐馆而已，还有食品服务计划，还有其他种种新概念。这些主管们不再做经理的延伸者，而成为了真正的经营主管。

依靠 TMUs，Taco Bell 从一家不起眼的地区性企业一跃成为全国性的大企业和潮流的领导者，仅 10 多年就从年销售额 5 亿美元、拥有 1500 家餐馆，发展到年销售额 50 亿美元，所属餐馆超过 2 万家，遍布世界各地。

餐馆员工同任何人一样，都具有相当的潜能。只要让每一个员工都有发挥的空间，他们的能力就可以通过培训和开发得以升华，所以餐馆管理者发掘员工的优势应该注意以下几点：

第一，注意培养员工的毅力和恒心，使员工感到自己有能力，并且这种能力来自于自己的努力，并希望通过学习和培训来增强自己的才干。

第二，发展员工的个性，同时培养员工的能力，给员工充分显露才能的机会。

第三，在餐馆不断发展的过程中，给员工产生新的富有挑战性的工作。通过培训，通过员工知识更新来接受挑战性工作的过程，就是人的潜能发挥和释放的过程。

第四，根据餐馆的发展和扩充需要，坚持有计划地调动一些员工的工作岗位，让员工在实践中丰富自己，使员工的能力多样化。这样“适才适所，知人善任”才能充分发挥员工的潜能。

三、善于发现员工的优势

作为餐馆团队的管理者，如果你可以了解下属的优势，并加以合理的利用，你将发现你的团队会有突飞猛进的进步。就像一位专家所说：“成就和幸福的核心就在于发挥你的优势，而不是纠正你的弱点。而第一步，就是识别你的优势。”

优秀的管理者通常都具有一个特长——能够发现员工的优势，并使其有用武之地。同时在这一过程中将员工个人的特长转化为实际的业绩。如果能够做到这一点，培养餐馆员工的优势就不再是一件困难的事情了。

富有餐饮业管理经验的主管都知道，管理的核心就是要把餐馆的每一位员工都放到合适的岗位上。

什么是合适的岗位？合适的岗位其实就是能发挥员工优势的岗位。

这注定是一个皆大欢喜的结局：员工在自己本来就擅长的领域工作，游刃有余、愉悦轻松，甚至不需要激励；管理者因为知人善任，会收获更多的尊重和认可以及餐馆各部门的高工作效率和业绩。

那么，作为管理者，该怎样来认识员工的优势，怎样去发现员工的优势呢？

1. 相信每个人都有所长

其实“用人所长”已经是个熟悉到麻木的词语了，但奇怪的是，仍常常有管理者认为自己的员工一无是处，或者不断地提醒员工改正永远也改正不完的缺点。

但事实上，如果从利用优势的角度来观察，没有人会反对这个结论：每个人总是有长处的，即使是那些看起来能力很差的人。不过，当管理者的视野被员工的那些弱点充斥时，他将没有心思再去关注员工的长处；而当他想不遗余力地消除员工的那些缺点时，他就更没精力再去思考如何发挥员工的长处了。

在人力资源管理中有一句名言是："没有平庸的人，只有平庸的管理。"高明的主管，会首先承认员工的不平庸，进而从每个普通的员工身上，发现有价值的东西，并加以引导和开发。

2. 从关注现有优势开始

即使你是个非常关注员工长处的管理者，是否也会因过于追逐挖掘员工的潜能，而忽略了其现有的优势呢？要知道，和那些必须经过开发才能具有的优势相比，显然，现有的优势更容易快速转化为效率和业绩。

研究表明：人类通常有 24 种情绪天赋，这些天赋通过人的思维、感觉与行为体现出来。当一个人对某项事情怀有热情，并且做起来游刃有余，无师自通时，就证明这是他的优势所在。所以，管理者如果能深入地去观察和了解员工，准确地找出他的优势并非难事。比如，有人擅长把任何枯燥的主题都表达得生动有趣，有人总能预感冲突并擅长化解纠纷，还有些人，看上去总是运气超棒，能那么容易地赢得他人的信任。一旦发现某个员工具有这样的能力，千万不要再让他痛苦地去改正缺点或培养什么潜能，立刻利用就好。

3. 换一个角度看缺点

有人说，垃圾是放错了地方的宝贝。用在人的长短处上也有一定的可比性。不得不承认，因为教育的偏差或社会的偏见等原因，某些被大家公认的缺点很可能是一种误判。也就是说，通常有可能你觉得那是一个弱点，但实际上却是一个优势。比如，一个员工喜欢斤斤计较，但从优势的角度看，他也许恰恰是管理仓库或办理食材采购的最佳人选。

对于管理者来说，更难得的好处还在于，员工通常会为自己的缺点而感到自卑，如果你能把它转变成优点，他定会因此而自信满满，并会激发出他难以想象的工作热情。

四、处理好员工的不稳定情绪

没有一个员工喜欢，也没有任何一个人愿意今天在这里工作两天，明天在那里工作两天。许多餐馆员工都希望能够在一个地方稳稳当当地工作，但是如果在管理中出现以下的情况，许多员工都会自行离去。因此，餐馆老板要及时发现、处理员工的这些不稳定情绪。

1. 承诺不能兑现

当员工初到一家餐馆的时候，老板会给员工许诺下这样或那样的条件或待遇，当然老板也希望能够通过这样的激励、留住员工，但是到时候员工忽然发现，当初的许诺和待遇都兑现不了，这样就会自然而然地影响员工对老板的信任度，一旦超过员工所能承受的范围，员工就会离开餐馆。

所以，老板不要轻易对员工许诺，一旦许诺了，就一定要兑现，因为员工选择你，就是相信你，千万不要失信，因为这是做人和做事业的基本条件。

2. 员工的目标不能得到实现

这主要是指，在员工当中有相当一部分人，他们有相当强的学习和进步的欲望，可是在餐馆工作一段时间以后发现，在现在的店里满足不了自己的求知欲，实现不了自己的目标时，他们自然而然地就会去寻找新的适合自己发展和学习的地方。

所以，餐馆要建立员工学习和培训机制来满足员工的愿望，并且帮助他们实现自己的目标，因为这样的员工才是餐馆的核心力量，往往有欲望和学习力的这一部分员工能够成为你的得力帮手。

3. 管理出现混乱，员工好的建议得不到采纳

餐馆管理中经常会出现，管理出现混乱和失误，可是一部分管理人员会把这种责任推卸到员工身上，有时老板也会出现这样的情况，一旦出现问题，不分青红皂白，就把员工或管理人员批评或责罚一顿。这样是很危险的，因为有些问题并不是员工的问题，有可能是管理出现混乱造成的，但是员工却成了无辜的替罪羊。

所以，餐馆在出现问题的时候，老板一定要学会倾听，与员工一起寻找解决问题的方法，千万不要死卡管理条例，因为条例是死的而情况却是各种各样的。

4. 员工的基本条件得不到保障

餐馆在经营中可能存在各种各样的问题或情况甚至困难，但是不管怎样，员工出来工作的目的很简单，就是打工赚钱，如果员工辛辛苦苦的工作一两个月，却拿不到基本的工资，他就会对餐馆失去信心。个别老板经常会对员工说：现在餐馆效益不好或不赚钱，工资等一段时间再发或者少发。其实这对员工是极其不尊重的，你赔钱了，你会跟员工说，可是你赚钱的时候，却从来不会跟员工说。

员工拿不到工资，就是出去也不会说你好。当你失去员工支持的时候，餐馆就如同洪水中没有船桨的小船，随时都会翻船。

所以，餐馆可以变更工资发放的形式，增加红包和分红的工资形式，从根本上对员工进行激励，这是最现实的。当员工都能全心全意地为餐馆工作的时候，你拿出一分，员工会回报你十分甚至百分。

5. 员工的人格得不到尊重

餐饮业的管理人员或老板经常存在“我是管理人员或我是老板，一切我说了算”的想法，而会发生对员工的人格进行侮辱、辱骂等的情况。当员工的自尊心受到伤害的时候，就是给他再多的钱和工资，他也无心在餐馆里工作了。

所以，餐馆必须完善自身的企业文化，增加餐馆的凝聚力，老板和管理人员更要不断提高自身的文化和修养，通过个人的魅力和亲和力来发挥团队能力。

在餐馆员工不稳定因素当中，还有相当一部分是因为餐馆员工自身的问题，比如：没有明确的工作态度和目标，抱着干一天算一天的心态；员工受到传统观念和家庭影响，认为餐馆服务工作是不体面、没有前途的行业。

对于以上的原因，餐馆要想留住员工，就必须在现有的管理方式当中增加一种新的管理方式，就是做好员工的思想工作。管理人员一定要会给员工做思想工作，让他们能够从思想上稳定下来，这样员工才有可能在心态上稳定下来。

五、巧妙清退不合格员工

正规餐馆的正式员工，都是要与餐馆签订劳动合同的。如果在合同执行期间，通过一系列的考核，发现员工在某些方面不能继续胜任该岗位，不能达到该岗位的要求，即为不合格员工，那餐馆就应果断地采取有效措施。

对于不合格员工的处理，不同的餐馆有着不同的方式与方法。以下是几种处理不合格员工的方式，餐馆可以根据自己的实际情况，有技巧地选择适合本餐馆的方式。

1. 解除劳动合同

劳动合同的解除指的是劳动合同期限届满之前终止劳动合同关系的法律行为，它是员工和企业之间雇佣关系的非自愿性终止，如果在解除劳动合同中员工处于被动地位，那就可以称之为解雇，这可以说是对员工的最严厉的处罚。劳动合同的解除和劳动合同的终止是不同的，解除是在劳动合同履行过程当中由于出现了种种问题而中断了劳动关系，而终止是在劳动合同约定的义务履行完毕之后结束的。具体而言，餐馆可以按照《劳动合同法》的相关规定解除劳动合同。

2. 临时解雇

临时解雇指的是由于暂时缺少相应的工作，而暂时解雇员工，但一旦有工作提供时就可以将他们召回。临时解雇和解雇是两个不同的概念，解雇是劳动合同的永久性断绝，而临时解雇只是暂时性的，管理者应该知道有重新召回员工的可能性。但是现在有相当数量的管理者或经营者将临时解雇当做是永久解雇的一种委婉的说法，而员工也领会这种意思，所以在他们之间形成了这样一种默契，比如，当老板谦逊地说由于最近财政出现了问题或其他方面的原因时，员工也就会领悟其中的意思，不用说得那么透彻就会离开。

3. 保留薪资

保留并非无限期的，一般是半年至一年的时间，在这期间，保留职务与薪资。保留薪资的原因很多，如身体原因、外派，等等，当然由于表现不合格，也会给予其一定的机会，根据其表现情况再决定以后的处理方案。

4. 代谋新职

代谋新职是餐馆比较仁慈的做法了，由于种种原因，餐馆要辞退不合格的员工，但为了帮助他们，会给予他们第二次机会，如果有适当地机会，可以将他们推荐给别的部门或其他餐馆，如果在餐馆内部进行新职位的转换，则可能会让那些员工心存感激之情，从而努力工作，同时也能让其他员工感受到餐馆的仁慈，增加其工作的信心和集体的归属感。

5. 末位淘汰制

末位淘汰制属于一种岗位竞争，每年规定一定比例的淘汰率，将表现最差的员工另做安排。但经过岗位竞聘或末位淘汰制淘汰出局的并非都是不合格员工，很可能是在企业或者组织中表现稍差的员工，当然也有一部分是不合格者。但末位淘汰制并非任何企业都适用，适用末位淘汰制的企业必须有其适用的组织环境，比如，员工替代性较强、岗位的考核指标比较简单而且易量化、员工来源量较大或内部竞争激烈等。如果餐馆员工个个都兢兢业业，绩效良好，根本就没有必要实行末位淘汰制，否则，将会起到消极作用。

处理不合格员工切忌以下四点：

1. 面谈时间过长

时间过长，言多必失，被解雇者容易情绪失控。谈话时间最好控制在15～20分钟之内，把辞退的原因解释清楚即可。

2. 指责员工表现

只需强调基于经济不景气或公司并购或结构调整等客观原因，即使是因表现不好，也不要在这时候打击他，尽量宽容地说，不是你不行，而是这个岗位不适合你。

3. 承诺做不到的事

在辞退员工时，不要过分安慰被解雇者，比如，“你还年轻，出去很容易找到工作”“我也不想让你走”之类，这不利于他坦然接受被裁员的现实。再如，“我帮你找一份新工作”“争取额外赔偿”等，如果到时兑现不了则会引起更大的矛盾。

4. 谈及其他员工

比如说，这次裁员哪一位其实也受影响等，容易散播流言，动摇军心。

要让被辞退的人满意而去，并让餐馆其他同事、下属通过这件事而重新评估自己，在平时就必须建立一个全面的绩效评估、考核体系，做到以事实为依据，使其他下属、同事心服口服。

最后，把被辞退员工需要交接的工作以正式的书面形式人手一份，以便今后一段时间的监控。留下被辞退员工的永久性联系方式，要求餐馆人力资源部门定期与其联系，关注他们的个人发展并备档。这是知名跨国公司的做法，目的是方便公司与优秀前员工将来的合作，中型规模以上的餐馆也可以采用。

六、将问题员工“变废为宝”

对人的管理之所以是一个难题，是因为管理者需要面对的员工是具有多种多样的个性的。多种多样的个性就必然带来不同的职业态度，不同的处事风格。

餐馆的管理者大多都遇到过以下类型的员工：特别难以相处但是工作业绩特别好；工作缺乏动力，不愿意在下班后多工作一分钟；倚老卖老，经常挑战管理者的权威，等等。这些员工不断挑战餐馆规定的底线，经常因为一些让人无法接受的行为举止而在员工团队中引起混乱，从而导致整个团队工作效率下降。这些员工是造成员工管理困难的主要因素，也就是所谓的“问题员工”。

不光是餐馆，在所有企业中，问题员工都是普遍存在的。据有关调查显示，问题员工在企业员工中所占的比例超过40%。如何管理好问题员工，使之成为高效员工，是所有管理者必须面临和解决的问题。

要管理好问题员工，首先需要鉴别问题员工的类型。企业需要的员工，大概可以分为两大类：合格的员工和合适的员工。合格的员工是指那些技术特别好，适合本职工作技术要求的员工；合适的员工是指员工本身的职业态度和行为方式符合企业文化，是企业需要的人。在这两大类之下，又可以分为四个象限：既合格又合适的员工；既不合格又不合适的员工；合格但不合适的员工；合适但不合格的员工。

管理者青睐的当然是那些既合格又合适的员工，为此往往不惜重金招聘，给予丰厚的福利待遇，委以重任。但是，这种员工毕竟是少数，在员工中所占的比例最多只有20%。即使是这少数的既合格又合适的员工中还会存在一些问题员工。因此既合格又合适而又不属于问题员工的人实际上是少之又少的，管理者不应该把太多的精力放在从外界招募这类员工上。

既不合格又不合适的员工，既不符合本职工作的技能要求，也不符合餐馆打造企业文化的需要，这样的员工对于餐馆来说是没有价值的，应该尽快地进行优化淘汰。

合格但不合适的员工，往往具有比较专业的工作技能，但是他们也往往缺乏较强的沟通能力或者非权威的影响力。他们缺乏的这些方面在很大程度上是与生俱来的，是通过培训所不能解决的。对于这些员工，餐馆的处理方法应该是人尽其才，把他们所有的知识、技能都应用在工作中，尽力让其他员工都分享他们的知识和技能。如果他们主动提出要离开，餐馆不需要极力挽留，因为他们不是餐馆需要的人，而此时他们所具有的餐馆需要的知识和技能都已经被留下了。

合适但不合格的员工，餐馆管理者需要把主要精力放在他们身上。这些员工虽然职业技能有所欠缺，但是他们所具有的良好的学习技能和沟通能力决定了他们能够通过培训很快弥补这些不足。餐馆通过对这些员工的培训，可以把这些员工逐步塑造成餐馆本身所拥有的既合格又合适的员工。

“功高盖主”的员工是管理者非常头疼的。他们的业绩非常好，但是经常不遵守公司的一些规定；标新立异的员工非常具有创造力，往往会创造出提高工作效率的工作方法，但是由此他们也往往对现行的规章制度不屑一顾；追求完美主义的员工表面上对工作追求完美，实际上却陷入了吹毛求疵的怪圈，习惯对周围同事的工作挑毛病。餐馆应尽量用问题员工之长。有的员工虽然属于问题员工，但是他们存在的问题只要加以正面的引导，就可以转化为长处加以利用。比如，现在很多厨师长都感叹，厨房的员工大多是80后，说不得，打不得，动不动就走人，甚至连工资都不要了。这些厨师长以前总是为如何开发创新菜而发愁，现在却为这些小年轻动不动走人而头疼。另外，这些员工确实有一些新想法、新思路，比如，善于开发一些中西合璧的菜品，善于运用新鲜的原料等。要管理好这种类型的厨房员工，厨师长应该把握住他们不服输的特点，以及天生敏感、希望自己的优点和创意得到认可的心理需求，鼓励他们去大胆尝试，认可他们的想法，并适时地引导，使他们获得成就感和尊重，他们自然就不会那么轻易走人了。

在日常工作中，管理者还会发现问题员工的其他表现形式，例如，推诿责任、爱找碴儿、光说不干、夸夸其谈、脾气暴躁等。对于存在这类问题的员工，管理者也不能武断地否定，而应该发掘其长处，适当地容忍其短处，对其存在的问题适时地加以正面的引导。虽然没有十全十美的人，但是人的缺点是可以通过适当的引导加以改正的。

需要注意的是，许多管理者把一些具有“性格缺陷”的员工也视为问题员工，从而试图改变他们的性格，其实这是一个误区。具有轻微的性格缺陷的员工并不属于问题员工，管理者试图改变他们性格的做法也是没有意义的。

运转篇

让团队高效创富

餐馆是一驾马车，

所有车轮的协调运转，

带来的是高速平稳的前进，

当然，

还有滚滚的财源。

第四章　有凝聚力的团队就有战斗力

一、塑造向心力强的团队文化

案　例

法国人在饮食方面以挑剔著称，而美国的麦当劳餐馆在1979年就进入法国，如今它已拥有115家餐馆，分布在30多个城市。其成功的关键之一就是有向心力强的团队文化。

（1）从炸薯条做起。每一个进入公司的人都必须先熟悉一下做汉堡包和炸薯条的工作。因为公司认为，从脚踏实地做起是在这一行业中取得成功的必要条件。从收付款到炸薯条，每个工作岗位上都可能造就出未来的餐馆经理。

（2）学做经理。“法国麦当劳公司董事长的位子等着人们去争取……”公司负责招聘的人总是这样开始他的招聘谈话。而且事实上，人们可以在18个月内当上餐馆经理，在24个月中当上监督管理员。而这一切只取决于你跨越每个阶段和掌握各阶段技能的速度。在此之前的工作中，一个二级助理实际上已经是在学做经理了。他要负责订货、计划、排班、统计等事务。一个一级助理则已是经理的左膀右臂了。于是，一大批有文凭、有能力的年轻人被吸引到公司来了。

(3) 培训与进修。每年都有50名法国未来的餐馆经理到芝加哥的汉堡包大学学习掌管一个餐馆所必需的所有知识。另外，麦当劳子公司的所有工作人员每年至少会去一趟美国。培训结束以后，经理或监督管理员的位置便非你莫属了。3年后，监督管理员很可能会成为地区顾问。

(4) 按工作成绩付酬。这能使那些创造了最好工作成绩的人得到最优厚的报酬，根据则是他们在一年中的工作成绩和实现的目标。

那么，餐饮业应该如何营造团队文化呢?

1. 注重整体利益

当每一位员工做每一件事情的时候，都要考虑它会如何影响整个餐馆的利益。例如，当员工为顾客提供优质的服务后，顾客就会再次光临餐厅，不论是在几百里外的其他城市，还是在其他国家都一样。

2. 提倡群策群力

在其他人的帮助下，共同解决问题或提出新的观点。两个人的力量总是强于一个人，整个团队的力量那就更强大了。例如，每一名工作成员都可以提出使顾客满意的建议。此外它还意味着当团队成员遇到困难时，其他成员应及时提供帮助。

3. 在确认团队贡献的同时，要肯定个人成绩

如果团队取得了成绩，应当肯定每一名成员的贡献。如果没有所有人员的参与，领导者不可能获得成功。

4. 寻求并利用差异与争论，去寻求整体和顾客的利益

餐饮业团队的实力来自于团队的众多成员，他们拥有不同的背景和观点。任何员工都可以借鉴他人的经验与建议，特别是在寻求使顾客更满意的新途径时，更会从中受到启发。

5. 通过相互信任和坦率的沟通，去正视问题，解决问题

只有主动地表达不同看法，才能有效地解决问题。提不出问题，也就无法解决问题。只有当每个人都关注问题时，才能解决问题。例如，把某个员工对优质服务遇到障碍的看法和大家分享，就可以使其他工作伙伴更有效地工作。

6. 让每一位员工都能积极聆听他人的意见，主动与每一个人沟通，保持言行一致

有效沟通可以明确表达自己的想法，并聆听他人意见。每一位员工都应该与团队中的成员进行沟通。例如，假如在提到一个服务程序问题时，通过聆听团队其他成员的意见，可以带来新的思路。此外，团队成员还应做到言行一致。

7. 百分之百地支持决定

要注重发挥团队作用，每个员工都可以发表意见并聆听他人的意见，对好的意见和建议，团队应作出一致的决定，对作出的决定，每一个成员都必须遵循并予以支持。请想象一下，如果在餐厅中，员工就同一问题给顾客不同的答案，会造成什么样的混乱情景。作为团队，在行动开始后，就应像一个整体那样去工作。

因此，无论餐馆发展规模有多大、开了多少家分店，餐馆的形象和标准都应始终保持一致。餐饮的发展离不开团队文化的建设，团队文化的建设离不开个人的支持和协作；同时，个人的进步也离不开团队的培养和栽培。

二、团队常见的几种管理方法

餐馆要想生财有道，就必须有一套科学的管理方法。管理的基本方法可以概括为以下几种：

1. 表单管理法

表单管理法，就是通过表单的设计制作和传递处理来控制经营活动的一种方法。表单管理法的关键是设计一套科学完善的表单体系，表单一般可分为三大类：

（1）上级部门向下级部门发布的各种业务指令。

（2）各部门之间传递信息的业务表单。

（3）下级向上级部门呈递的各种报表。

表单管理必须遵循实用、准确、经济、时效的原则，并应在以下五个方面作出具体规定：

（1）表单的种类和数量。既要全面反映餐馆的业务经营活动，又要简单明了，易于填报分析。

（2）表单的性质。既属于业务指令，又是工作报表。

（3）传递的程序。即向哪些部门传递，怎样传递。

（4）时间的要求。即规定什么时候传递，传递所需的时间。

（5）表单资料的处理方法。

餐馆的管理者，必须学会利用表单来控制餐馆的业务活动，可通过检查、阅读各种工作报表来掌握并督促下属的工作，通过阅读、分析营业报表来了解并控制餐馆的经营活动等。

2. 定量管理法

定量管理法，就是通过对管理对象数量关系的研究进行管理的方法。餐馆的经营活动，不仅要有定性的要求而且必须要有定量的分析，无论是质量标准，还是资金运用、物资管理以及人员组织均应有数量标准。应该说，运用定量方法管理经营活动，具有准确可靠、经济实用、能够反映本质等优点。

3. 制度管理法

制度管理法，就是通过制度的制定和实施来控制餐馆业务经营活动的方法。制度管理要注意以下三个问题：

（1）科学性。即餐馆的制度必须符合餐馆经营管理的客观规律，必须根据餐馆经营管理的需要和全体员工的共同利益来制定。同时注意制度条文要明确、具体、易于操作。

(2) 严肃性。即维护制度的权威性和强制性。在制定制度时，必须要有科学严谨的态度，定什么制度，定到什么程度，均应认真研究，仔细推敲。在执行制度时，要做到有制度必遵，违反制度必究，制度面前人人平等。在处理违章时，要有严格的程序，要以事实为依据，以制度为准绳，注意处罚的准确性。此外，在实践过程中既要不断地完善制度，又要保持制度的连续性。

(3) 艺术性。俗话说，制度无情人有情。一方面我们要严格按制度办事，另一方面要把执行制度和做思想工作结合起来，注意批评和处罚的艺术，同时还要把执行制度和解决员工的实际问题结合起来。

4. “走动管理”法

“走动管理”法也叫现场管理法，要求管理者深入现场，协调餐馆经营活动中各方面的关系。餐馆业务经营的特点之一就是提供服务和消费服务的同一性。要提高服务质量，就必须深入服务的第一线，及时发现和处理各种疑难问题；同时也可以及时和下属沟通思想，联络感情，实施现场激励，并发现人才。

5. “感情管理”法

“感情管理”法，实际上就是对人的需要、动机和行为进行控制的方法。它是通过对员工的思想、情绪、爱好、愿望、需求和社会关系的研究并加以引导，给予必要的满足，以实现预期目标的方法。

三、让新员工尽快融入团队

新员工的入职，对于一般的餐馆管理者来说，并不是什么大不了的事情，不需要花费太多精力与时间。他们认为：反正餐饮业人员流动性大，人有的是，新员工来了就来了，他们应该自己了解环境，适应环境，该干什么就干什么，叫他们做什么就做什么就行了。如果他们能够适应下来，那他们就是优秀的，如果他们不能适应，那么他们就是能力不及。实际上这些想法是管理者观念陈旧落后的表现，也是其偷懒的表现，更是其不负责任、管理能力欠缺的表现。

不管是研究成果还是日常知识都表明，让新员工尽快融入团队，让员工为取得成功做好准备，对餐馆意义重大。如果餐馆期望员工尽快提高工作效率，为什么不朝这方面努力呢？既然餐馆愿意花资金来招募这些员工，并为他们安排工作岗位，为什么不帮助他们为成功做好准备呢？

因此，对于新员工，餐馆管理者应该解决以下八大问题。

1. 你让员工觉得备受欢迎了吗

如果新员工觉得自己只不过是餐馆中的普通一员，他们就会像普通的员工那样行事。相反，他们如果一开始就觉得备受欢迎和重视，就更有可能为餐馆创造价值。那些对他们表示欢迎的人很容易相处，所以他们也能够更快、更容易地融入他们所在的团队。

2. 你激起员工的荣誉感了吗

入职流程（尤其新员工入职培训）最重要的作用之一，就在于向新员工传达了以下的信息：你加入餐馆是正确的决定；你有幸成为餐馆的一部分；你的加入令我们增光不少，也是值得我们骄傲的地方。如果能够对新员工实行有效的入职培训，并表示关注他们的情感和知觉体验，新员工就会以餐馆为傲。

3. 你帮助新员工看到餐馆的全局了吗

解释餐馆的运作方式以及餐馆各个不同部分的协作方式，是令员工看到餐馆全局的一个关键要素。

4. 你展示了员工的重要性了吗

大多数人都希望生活得有意义，也希望自己与众不同。因此，管理者一开始就应该向员工解释他们的贡献和对餐馆是多么的重要。餐馆应该举例说明员工是如何作出有价值的贡献以及管理层是如何重视和使用员工的反馈信息的。

5. 你是从新员工的角度来设计入职培训的吗

餐馆应从新员工的角度来设计有效的入职培训项目。那些已在餐馆里工作很长时间的老员工已经忘记了如何当一名新员工。老员工可能会认为这只不过是小事一桩，但新员工可能会很敏感并对此感到十分不安。所以，从新员工的角度来看待他们的经历，会使你在设计员工培训时融入一些你原本认为并不重要的细节。

6. 你将入职培训工作进行有效的分解和细化了吗

餐饮业在提供新员工入职培训时所犯的最常见的一个错误在于：绝大多数的新员工得到的信息太多，以至无法消化。餐馆应将入职培训进行分解和细化，让新员工可以充分消化。

7. 你在餐馆内部提供了尽可能多的信息了吗

与其让员工塞满第二天就会忘记的信息，不如教他们如何在需要时获取这些信息。在餐馆内部提供尽可能多的信息，如在墙上张贴资料、在班组会上介绍有关情况，会有助于减少时间浪费，提高工作效率。

8. 你能够让员工愿意告诉你他们在做什么吗

大多数新员工都不愿意把抱怨说出口。他们往往会等到离职面谈时才会谈论为什么事情没有做好。研究表明，餐饮业新员工最敏感的时间是进入餐馆 2 ~6 个月。为了避免等到离职面谈时才能发现错误，管理者应该进行员工入职面谈。新员工进入公司 2 ~6 个月以后，人事部门可以与他们讨论他们所做的工作，以便发现经常遇到的困难，这将在降低员工离职率方面发挥重要作用。

四、让老员工的榜样作用充分发挥

在餐饮业，被分配到一线后，新员工会自然地学习前辈们的各种处事方法和工作技巧。所以在新员工尚未上班之前，就必须将老员工培训成为新员工的榜样。

在进行对老员工的培训之前，必须先检查老员工的能力、素质。然后，针对每一种教育的需要进行再教育。关于教育的内容会有许多的不同，但必须先从老员工中最常见的缺点开始培训。

（1）对工作部门整体性的工作内容理解不足。有不少员工，只会处理上司交给他做的事，完全不了解整个工作部门的工作系统、流程等。这种老员工没有长远的眼光，不足以成为新进员工的榜样，因此要早一点地再培训他们。

（2）忘了基本方法，我行我素。如果新进员工一开始就碰到不照基本方法来做事的老员工的话，事态将会变得更严重。所以如果发现老员工不依照基本方法做事，要立即指正，让他使用基本方法来做事。

（3）对改善工作的努力不够。一些员工除了上司或领导者所指示的工作外，其他什么事情都不做。所以必须检查老员工对改善工作的努力，并且如果有这种情况时必须好好指导这些人如何改善工作的方法。

（4）时间管理不彻底。不少老员工没有什么时间观念，所以必须下工夫教会这些老员工工作的方法，彻底提高他们对时间管理的能力以免对新员工造成不良的影响。

（5）基本的礼节。为了维护团体的和谐，工作场所人际关系的圆满，有些基本礼节是一定要遵守的，这就是所谓的业务员的基本礼节。在新员工进来之前，一定要先检查每位老员工是否已经记住最基本的礼节，并且确实遵守着，如果有的老员工尚未记住并遵守基本礼节，就必须对其加以教育、指导，特别要对被认为已经破坏餐馆规定的人要尽早再教育。

（6）合作、协调的能力。对缺乏协调性的员工，为了维持团体绩效就必须让他了解在团体中每位成员之间能协调的重要性，一定要使他真正地了解并改正过来。如果发现在合作、协调上发生了问题的话，就必须立即分析双方的原因并尽快地恢复。

（7）对上司态度要有礼。有些年轻人不懂得尊敬上司，用对待同事一样的态度对待上司，这是很不应该的。如果老员工有不将上司当做上司的态度的话，新进员工也会跟着学，因此，老员工对上司的态度必须随时注意并加以指导。

解决了老员工自身的问题后，就是老员工在指导新进员工时必须注意的重点。

（1）首先要了解当前年轻人的特质、特征。大致可举出下列特质：以自我为中心；较不认同所谓的权威；没有指示就不会有行动；没有义务、责任意识，权利意识则很强；注重休闲活动甚于重视工作。应该好好理解

这种特质、特征，及时加以指导，促使他们改正。

（2）教育内容。老员工指导新员工时，清楚地传教内容是第二个重要因素。例如，要教新员工一些工作内容时，千万不可毫无头绪，不知道教些什么。因此，希望教给新员工的东西，要先整理归类，将教育的项目一条一条明确地列举出来。如果可能的话，应将所要教育的项目，以文字的方式记录并送交上司或负责人过目。

（3）教育方式。确定教导内容之后接着就是教育方法了，也就是如何指导教育的方法。例如，自己先示范表演一次并说明工作内容，再由新员工亲手去做，若有做不好的地方再加以指正，依顺序来教育。关于教育的顺序和方法，只要达到教育的效果即可。当然随着教育内容的不同，教育的方法也会有所改变。例如，被很多餐饮企业普遍采用的分散式培训方法，就是由技能熟练的老员工对相应岗位的新人进行指导，并确定指导责任制，一名老员工可以指导一名或多名新员工。

（4）教育、指导的技巧。老员工教新进员工一般都是一对一的个别指导，个别指导的技巧有：说明法、说服法、问题解答法、辅导法、作业挑战法等。

五、做好前厅与后厨的协调

现代餐饮除应具有舒适的环境、优质的服务、美味的饭菜外，还应具有相应的促销、推销、公关等手段，使客人对餐馆的建议及想法能够及时地反馈回来，使我们能够在最短的时间内进行调整改进服务水平，提高饭菜质量，只有这样才能够持续不断地加强客人对餐馆的满意程度，使餐馆财源广进，宾朋八方，这就需要前台与后厨的默契配合与协调。

1. 后厨配菜沽清单

沽清单是厨房在了解当天购进原料的数量缺货，积压原料的一种推销单，也是一种提示单，它告诉服务员当日的推销品种、特价菜、所缺菜品，以便服务员对当日菜式的了解，避免服务员在当日为客人服务时遇到尴尬、难堪、指责等情况，从而造成不必要的换菜、退菜而使餐馆声誉受到影响。

2. 点菜与菜单

为客人点菜实际就是推销菜，服务员也可以说是推销员，他不只是接受顾客的指令，还应做一些建议性的推销，让客人乐于接受餐厅的服务，服务员在点菜时必须熟悉菜牌，明白推销菜式的品质和配制方式，介绍时可做解释。

在点菜过程中，客人不能决定要什么时，服务员可提供建议，最好是先建议高中等价的菜式，再建议便宜价的菜式，因为高中档菜的利润较高，且有一部分菜的制作工序较简单，如清蒸蟹、桂鱼、清炖甲鱼等，在生意高峰期尽量少点一些加工手续比较烦琐的造形菜与加工时间较长的菜，否则会加大后厨的工作负担，并且由于太忙，可能会影响它的上菜速度造成客人的投诉。对厨房暂时沽清的菜式要及时掌握好，不要介绍给客人，万一客人问起时，可说“对不起，刚好卖完”，并建议客人食用相近的其他菜式。接下来，便是向后厨递单，服务员在写完菜单后，应立即把单子递到后厨，入厨单应写清楚写好后与原单迅速核对以免遗漏。落单时，味部、厨部、面点部要分单写，若非马上出菜要在单上写“叫”字，表示叫起才上菜的意思，以便后厨有更多的时间来安排好每一道菜。

3. 上菜与传菜

后厨在接单后，只要不是叫单，凉菜应在两分钟内出一道成品菜，热菜在三至五分钟内出一道成品菜，上菜前应注意菜肴的色泽、新鲜程度，有无异味、有无灰尘、飞虫等不洁物，检查菜肴卫生，严禁用手翻动或用嘴吹，必须翻动时，要用消毒过的器具，尤其对凉菜要注意新鲜程度，不能变质、变味、发黏等。

由于宴席的不同，上菜的程序也不会完全相同，这就需要前厅服务员熟悉菜单及上菜的先后顺序，熟练掌握上菜的操作程序，特别是对一些特殊菜的上菜方法，更应该注意，如火锅、拔丝菜，有声响的菜等，所以说这就要求传菜人员应与后厨相配合，以最快的速度把菜品传递下去，保证菜肴的色、香、味、型俱佳。若客人需要演讲祝酒或要求暂停上菜，服务员应及时通知后厨暂停上菜，之后要再通知恢复上菜，后厨不仅要出菜快，造型点缀擦边快，更需要划单与传递快才行。

4. 客人要求退菜、换菜与餐后的征询

一般来说，客人要求退菜和换菜大致有这样几种情况：

（1）说菜肴质量有问题，如菜有异味，欠火候或过火等，如确实如此，那就是属于餐馆自身的问题，服务员应无条件地退菜，并诚恳地向客人表示歉意。

（2）说没有时间等了，这时服务员应马上与厨房联系，尽可能先做。

（3）客人自已点的菜式，要求退，这种情况如确实不是质量问题，不应同意退菜，但可尽力耐心地讲道理，劝客人不要退了，吃不了可帮助他打包带走。

（4）客人进餐中不想吃了，菜肴还没有上来，服务员应先去厨房看一下，所点的菜是否已经制成半成品或成品，如果制成了应不同意退菜，但

应向客人说明道理。

总之，如果要想让客人满意，就应该前厅与后厨多配合。在客人就餐后主动询问客人对饭菜的评价，及时反馈给厨房，以便后厨做必要的调整与安排，不要二者相互推卸责任，指责对方的不足，只有共同分析问题、解决问题，才能使工作做得更好。

六、做好员工协作精神的教育

餐饮是一种“硬件”和“软件”设施的有机结合，是通过多道服务环节来体现自身价值的特殊行业。餐馆团队建设的目标是造就一支能适应餐饮发展需要的、积极向上的、充满活力的员工队伍，而在标准化、规范化的前提下，发挥团队协作精神，又是餐饮实现优质服务的保证。

协作的含义是友好合作，强调为了共同的事业或达到共同的目的而齐心协力。协作不是一下子就可以实现把餐馆管理得井井有条，它是需要花时间进行培训、激励、感化、引导和奖励的。

协作教育计划开始阶段的工作是怎样的？餐馆的员工必须：第一，喜爱本企业。第二，对为餐馆服务有某种自豪感。第三，一起工作的员工相处要相当融洽。第四，羡慕或者至少尊敬他们的上司和老板。

美国的餐馆，一般是这样对员工开展协作教育的：

把一位新雇用的前台员工带到前台的后面，让他看到食品的制作、各种器具的分类等，然后让他独自留在那里。也许有人叫他：“查理，过来，他跟你在那个服务台一起工作，他会给你介绍工作方法的。祝你走运！”

当一位新的餐厅女服务员来上班，会带她看咖啡室、厨房、更衣室，告诉她到哪儿去领制服，教她打上班、下班计时卡，或许给她搭一个伙伴一起工作一天，然后再让她单独地工作。

大多数餐馆人员对这种“协作”观点的反映是：“在一家大餐馆工作太好了，餐馆有人事部门，会重视我们，虽然我们在这里只占了一个小小的职位——我们不能参加所有大的、有组织的培训过程。”

应让员工明白，他们的职位虽然很低，但这对他自己没有任何影响。我们大家在协作关系中都能自己走到这一步，这也是最重要的一步，其实道理很简单。每个新的员工，从洗碗工到经理，不论干什么工作都必须接受这种简单的礼遇。

不论员工们干什么工作，最重要的是带他们全面地参观餐馆，有什么就让他们看什么。带他们参观餐馆的各个部门时，要简略地向他们介绍每个部门的作用，做些什么工作。例如，“这是餐桌的分类表。它显示了餐厅里的全部餐桌的使用情况，说明哪些餐桌是有人使用的，哪些是空着的。这是宴会厅，可容纳300人举行宴会。”每去一个地方参观，都要向你遇到的其他员工介绍新员工们的姓名、工作。

这种做法要达到的目的是，使每个人都意识到他是餐馆重要的一员。他不仅仅是洗餐具、炊具的工人，或者是餐厅服务员助手和其他职员。他们都是团队的成员。他们会发现自己适合在哪种岗位上工作，其努力会对整个餐馆作出什么贡献，懂得他们团体的工作在餐馆的经营活动中具有何等重要的意义，这就是形成协作精神的基础。

总之，员工是餐馆推销工作的重要一环，他们是与顾客直接接触的人。从一开始就要对员工进行协作精神的教育，这是极其重要的。人性化的管理模式，积极宽松的工作环境，有助于员工的个人成长和团队建设，在相互交流中协调问题，在共同探讨中提高认识，把工作的主动性与前瞻性结合起来，把解决问题的针对性和实效性统一起来。这样不仅能够形成良好的工作氛围，也有利于提高工作效率。

人们经常讲，能在一起共事是缘分，应该珍惜机缘，搞好团结。在餐馆里，同事之间、上下级之间应该多一些理解和宽容。在日常工作中既要有团结协作的意识，又要有克己容人的处世态度，对他人一味地求全责备，就没有人能和你共事。让良好的人际关系渗透在日常工作和管理的每一个环节里，使人人都能坦诚相见、彼此理解、相互信任，这样才能增强凝聚力。

七、为餐馆培养忠诚的员工

餐饮业是一个人力资源密集型行业，而且由于餐饮业的行业特性，使得餐饮人员流动非常频繁。有的餐饮企业甚至对跳槽员工深恶痛绝。人员的大量流动，无形中增加了人员的培训费用、招聘费用，有时因各种关系影响到顾客消费，造成人量顾客流失，投资者有时因为这些原因出现一些过激行为，更是加剧了员工与企业间的冲突。

那么怎样来创造员工的忠诚呢？

1. 帮助员工做好自我定位

某饭店人事部对几个营业部门的员工进行了一次工作环境测试，得

到的结论令人大为吃惊——竟然有超过50%的员工并不喜欢自己目前从事的工作。他们只不过是在茫然中度日，在不情愿中无奈地接受着自己并不感兴趣的培训，无奈地上班并很不情愿地做着他们认为是无聊的工作。

实际上，很多员工对自己所从事的工作不能准确地定位，这就是很多员工不能在本岗位尽职尽责的真正原因，我们总是抱怨员工缺乏敬业精神，殊不知病根就在于此。

事实上，在现实当中除了一部分人能做好自我定位外，更多的人并不能做到这一点。这就需要一个外界的力量去帮助他认识自我、挖掘自我的才能，从而达到准确定位的目标。餐馆的部门主管，尤其是最贴近员工的直接主管，应对员工自身尚未发现的优势给予明确的提示、刻意地培养，对其卓越的表现给予及时恰当的鼓励与表彰。解决方案简单来说有两种，一是帮助没有认识到自身优势的员工挖掘出潜力，成为可塑之才。二是将实在无法定位的员工调离岗位，因才适用。

2. 改善薪酬福利制度，保持物质刺激动力

薪酬福利是餐馆对员工做的回报和补偿，是影响员工稳定率的重要因素。一般来讲，影响员工对餐馆薪酬福利的评价的因素有三：一是员工对薪酬福利的理解程度。二是员工实际得到的薪资数额。三是对比薪资水平。目前不少餐馆的薪酬福利在当地水平偏低。因此，在开展薪资认知教育的同时，调整目前工资结构和工资水平是保持物质刺激动力，提高员工稳定程度的关键。

案例

新年过后，杭州市餐饮业由于员工大量离职冒出不少空岗，店家忙着招服务员，但愿意做服务员的人却不多。想招人却招不到人，不少餐馆经理都像热锅上的蚂蚁，急得团团转。但是，红泥企业却是个例外。虽然公司规定，只要在公司工作过三年的优秀员工和明星员工都可放假回家，符合这一条件的员工也有十余名，但红×花园、红×沙锅两家餐饮店过年期间却没人请假，也没人辞职，整个春节没出现空岗。原因就在于其薪酬福利制度设计较好。

一是工龄能算工资。只要为公司服务了两年，从第三年开始就会收到每个月50元的工龄工资，每多工作一年，工龄工资就涨50元。仅仅是工龄工资这一块，最高每个月就能拿到500元的收入。在餐馆，前厅的接待人员工作第二年就能拿到工龄工资了。

二是一线员工有多重奖励。明星员工和优秀员工的评选，每个季度都会进行一次。这些荣誉不仅是精神奖励，还能在当月奖金上表现出来，一般员工的月工资是700~800元，优秀员工的月工资就是900元，明星员工的月工资就是1000元。工资随时会跟着荣誉调整。

除了基本工资，服务生一般还能拿翻桌费和超额奖。翻桌费是小桌1.5元，大桌3元，一般每个月翻桌费与超额奖都能拿到100多元。年三十晚上，一位服务生基本能拿12元左右的翻桌费。而过年期间，年三十晚上公司会发红包，年初一又会发新年红包，年初七会发加班工资，春节七天大概就有800元左右的收入。

三是工作有张有弛。春节没回家并不代表不能回家，所有员工都有探亲假。工作第一年探亲假有4天，从第二年开始，探亲假就变成了8天，一年之内可任意选择回家时间。

除了探亲假，公司每年还会安排全体员工春游和秋游。店庆和春节期间都要举行大型联欢，大家要自编自演节目，还会请来艺术团助兴。

3. 与员工和睦相处

老板要尽量做到待人公平，做事有效，从善如流，和蔼可亲。很多员工辞职，不是因为硬件环境不好，而是因为和老板或上司相处困难。

4. 要多关注员工

真正让骨干员工忠于你的，不只是金钱，也不只是升迁，更重要的是认同。员工为餐馆作了哪些贡献，有哪些成果，都要让他们知道，否则他们就会没有价值感，觉得自己仅是个不起眼的“零件”。充分利用公告牌，通告重要事件、日程，以及和员工分享餐馆的运营情况。这样可以增进员工对公司的了解，令员工有归属感。外界对餐馆的正面评价，也要让员工知道，培养他们的自豪感。

5. 员工周边人的工作态度会极大地影响其归属感

工作气氛是否积极、良好，同事关系是否融洽，是决定员工选择去留的重要因素。作为管理者，应时刻注意化解员工之间的矛盾冲突。

第五章　沟通——高效团队必不可少的润滑剂

一、良好的沟通让团队充满活力

松下幸之助有句名言："企业管理过去是沟通，现在是沟通，未来还是沟通。"有效的企业内部人际沟通犹如发酵粉能使面团发酵膨胀一样，管理者与员工之间的良好沟通是"企业效益面团"的"发酵粉"，有利于企业协调人际关系，增强企业凝聚力，更是企业发展的不竭动力。它能满足员工获得承认与尊重的心理渴望，也有助于建立和谐的沟通氛围。

对于沟通能力，很多人往往感觉这是一种看不见、摸不着的东西，无从下手。沟通在管理当中究竟处于一种什么状况呢？我们可以通过两个数字很直观地反映出沟通在企业中的重要性，这就是两个70%。

第一个70%是指企业的管理者实际上70%的时间都用在沟通上。开会、谈话、作报告是最常见的沟通形式，撰写报告实际上是一种书面的沟通方式，各种拜访、约见也都是沟通的表现形式，所以说管理者70%的时间都花在沟通上。

第二个 70% 是指工作中 70% 的问题是由沟通障碍引起的。比如，常见的效率低下，实际上常常是因为大家没有进行及时的沟通或不懂得如何去沟通而造成的。另外，企业里面执行能力差、领导力不高的问题，归根结底，都与沟通能力的欠缺有关。比如说店长们在绩效管理的问题上，对于下属，经常有恨铁不成钢的想法，觉得年初设立的目标员工们没有达到，工作中对他们的一些期望也没有做到。

为什么这种下属达不到目标的情况会经常出现呢？经过大量的调研发现，下属对管理者的目的或者说期望事先并不清楚。无论是管理者的表达有问题，还是员工倾听领会的能力有限，归根结底都是沟通不畅造成的。

对管理者来说，与员工进行沟通是至关重要的。因为管理者要作出决策就必须从下属那里得到相关的信息，而信息只能通过与下属之间的沟通才能获得；同时，决策要付诸实施，又要与员工进行相应的沟通。再优秀的想法，再有创意的建议，再完善的计划，离开了与员工的沟通都是无法实现的，就像虚幻的空中楼阁，可见沟通在管理中发挥着多么重要的作用。

作为一个餐饮企业的管理者，要更好地下达各项工作指令，管理好服务的各个环节，要根据各个部门不同的服务特点管理好人、财、物，很关键的一项工作就是加强人际沟通——上下级的沟通，横向各部门之间的沟通，管理者之间的沟通。

餐饮服务需要各部门之间、人与人之间的配合与协作，要求整个团队中人与人沟通默契、思想统一、步调一致，才能圆满地完成任务。由于餐饮工作的服务对象是人，服务人员如果没有愉悦的心情，是很难给客人笑脸看的。

因此，通过顺畅的人际沟通，营造良好的工作氛围，建设富有活力的团队，使每一位员工都心情舒畅地投入工作，就可以使工作的效率得到很明显的提升。为了达到这个目的，餐饮企业管理者在做好日常管理工作的

同时，应注意观察和关心员工思想上、工作中、生活中的方方面面，留心细小的变化，及时沟通，做好思想工作，确保他们以饱满的精神状态投入工作。

二、沟通的前提：了解餐饮业打工族在想些什么

我国近2000万餐饮从业人员中，除去300万左右的大小业主，其余的都可以称作打工族。他们中虽然也有蓝领、白领和金领之分，但更多的则是不入“领”的打工仔及打工妹，乃至洗碗工、清洁工、保安工、勤杂工等。

餐馆管理者天天看到他们在自己眼皮子底下打转转，能记住每个人的模样，叫出每个人的名字，但不一定全都了解他们在想些什么？所以有时

在用人上难免会存在一些盲区。而这些盲区的存在，有可能会导致劳资关系紧张、跳槽现象频出、餐馆内人心惶惶、经营效益下滑，也会给老板带来苦恼。

了解是沟通的前提。打工族究竟在想些什么呢？我们不妨从不同的需求层面作一些深入的探讨。

1. 想养家糊口

这是打工族最基本的愿望，尤其是那些经济条件较差、生存能力较弱的城市下岗职工和农村打工人员。由于他们大多缺乏专业知识和技能，因而在餐馆中一般只能从事比较简单的体力劳动，因而工薪也相对微薄。一个人在经济上有后顾之忧，便很难全身心地投入工作。

所以，餐馆业主的当务之急，是适当提高底层员工——特别是熟悉业务、工作勤奋、进店多年、爱店如家的底层员工的待遇，不应把工资级差拉得过大。当然，提高待遇的前提是餐馆的效益增加。

2. 想成家落户

男婚女嫁是人类最基本的生理需要，打工族中的单身汉也不例外。特别是贫困地区来的人，很渴望能在城市中安个家，哪怕只有半间小房，能遮遮风雨就成。

在这方面老板应当做好三件事：一是为单身员工多提供一些交往沟通的机会，使他们彼此了解，增进感情。二是为他们择偶当好参谋，适时给予一些必要的指导，防止其上当受骗。三是员工结婚时尽可能提供一些物质上的帮助，减轻他们巨大的经济压力。

3. 想进修提高

当前餐饮市场竞争异常激烈，许多打工族都意识到了在知识经济时代不断充实自己的重要性，渴盼能有机会进修提高。凡此种种，都是积极的愿望，作为老板应当大力支持。

4. 想平等相处

老板与员工虽然是雇佣关系，但是在人格上则是完全平等的。当今社会中，有些人看重金钱，有些人则看重尊严。许多人跳槽并不完全是嫌工资少，而是觉得老板或上司刚愎自用，“把人不当人”“干得不舒心”。

所以，平等待人、轻松对话、和睦相处、彼此尊重十分重要。这不仅是打工族的心理需要和精神抚慰，也是餐馆的凝固剂与向心力。

5. 想展示自我

任何人都有强化自我、展示自我的强烈欲望，非常盼望有一个能够充分体现人生价值的良机。在餐馆中，打工族相对而言，是弱势群体，这种改变现状的本能心理需求就会使其更为执著地表现自我。

作为老板，不仅要培养员工、使用员工，更重要的是要经常帮助员工、激励员工，为他们提供升迁的机会，最大限度地调动他们的潜能，施展他们的才华。这样，他们就越干越有劲，越干与你越贴心。

6. 想自己创业

这种心理在年近不惑的骨干员工中最为明显。其原因主要有三个：一是年岁渐大，为自己找一条退路。二是在餐馆工作这么多年，对餐饮的套路基本上摸熟了，独立开店有一定的把握。三是多年的打工，有了一些积累，不足部分可以吸收一些关系户参股，基本资金问题不是太大。

对于这种变故，许多老板并不理解，常常责怪骨干们“忘恩负义”“吃里爬外”。其实，对于骨干员工自己创业，业主应当宽容。天下大势从来都是分久必合、合久必分，天下又哪有不散的筵席呢？俗话说得好：“铁打的营盘，流水的兵”，聪明的老板，在这方面应该有宽容之心。

三、沟通——将问题消除在萌芽状态

有效的沟通有助于领导作出良好的决策。任何决策都会涉及干什么、怎么干、何时干等问题。每当制定一项决策时，管理者就需要从多方面广泛听取员工的意见，听取意见的过程也就是获取大量信息的过程。在这过程中，上级人员主动与下级人员沟通，下级人员也可以主动与上级人员沟通，提出自己的建议，供领导者作出决策时参考，或经过沟通，取得上司的认可。

沟通促使餐馆各部门工作协调、有效地推进。餐馆各个部门的工作相互依存、相互支持，会形成一个有效的总体，只有这个总体才能发挥出应有的效能。对总体发挥的依存性越大，对协调的需要就越高，而协调只有通过沟通才能实现。没有适当的沟通，管理者对下级的了解就不会充分，下级就可能对某些工作任务和要求有错误的理解，使工作任务不能正确、圆满地完成，也有可能导致决策失败。

沟通有利于领导者激励下属，建立良好的人际关系，提高员工的士气。实际工作中，除了正常的布置工作以外，员工还需要鼓励性的信息。它可以使领导者了解员工的需要，关心员工的疾苦，在决策中考虑员工的要求，以提高他们的工作热情。在适当的场合，适当的时机，能得到上级领导的肯定和表扬、赞赏和鼓励，会更好地促进其对某种工作的努力，形成内部良好的人际关系，在思想上消除误解、隔阂和猜忌，达到彼此了解，增进感情，即使不能达到完全理解，至少也可取得谅解，所谓“大家心往一处想，劲往一处使”就是有效沟通的结果。一个管理者不可能完美，而一个团队却可以实现完美，通过有效沟通就可以造就完美的团队。

案例

阿敏被一家酒楼聘请担任楼面主管，主管大厅。前任主管是一个管理非常严格的人，容不得自己的下属犯任何错误，下属一犯错，她便杀一儆百，动辄扣休扣钱，结果是表面上下属犯错率减少，自己也很有威信，但实际每个下属都怨恨她，她走的时候下属甚至拍手称快。阿敏上任的时候，下属们对她也是唯唯诺诺的。阿敏觉得这其实是一种很危险的现象，于是马上找机会和他们一起吃饭，与他们推心置腹地谈心，去了解他们心里最真实的想法和看法，与他们交换自己的意见，讲明遵守酒楼规章制度的重要性。当他们犯错、有过失的时候，首先从她自己罚起。这样经过一个月的整顿后，收到了很好的效果。大家都能开开心心地工作，再也不三个一群、两个一伙的你说我我说你了，服务水平马上跟了上去，客人的反映也开始大为改观。

四、创造最佳的团队沟通氛围

一个沟通良好的团队可以使所有员工真实地感受到沟通的快乐和绩效。增强餐馆员工的沟通与协作，应通过多种渠道进行，让员工感到因为有人帮助，因为能良好沟通、协作，互通有无，而不会觉得孤单，只会感到在一种融洽的氛围里工作是一件美好的事情。

1. 从制度上保证沟通的便利性、实效性

在餐馆的长期运作中，因为不良沟通导致的误解层出不穷，而这恰恰是一个恶性循环：因为工作性质、方式不同，部门间、员工间难免会产生误解，如果误解不能及时沟通、消除掉，又会导致餐馆内部的低协作、不协作，而不协作又会使误解越积越深，使餐馆发展大受影响。

所以，应该从餐馆的管理制度、方法上提供一个平台，让矛盾双方能

心平气和坐下来，可由第三方参与协调，使双方有机会沟通，有机会了解对方的想法，将矛盾化解，而不是各自将误解闷在心里、怀恨在心，将情绪带到工作中，影响餐馆的正常运作。

2. 强化企业文化中的“尊重”要素

在企业文化氛围中，员工的权益、员工的劳动成果应该都能得到充分的尊重，员工要有地位、有作为，要教育员工，尊重和珍惜每一位同事、客户，因为尊重他人也就是尊重自己，这是协作的基石。员工尊重他人，也就能积极响应他人的协作请求，即使不能响应请求，也会给予他人合理的解释，使企业的员工在工作中都感觉被尊重，处于协作的氛围之中，而非各自为政、孤军作战。

一家餐馆内部，部门间密切合作，积极响应其他部门的正当工作请求；员工间积极协作，互相补台，给予他人鼎力支持。如此以来，餐馆的运作效率会大大提高，而员工工作的积极性也会节节攀升，而这正是一种双赢。

3. 管理者应该积极和下属沟通

高效沟通是优秀的管理者必备的技能之一。一方面管理者要善于与更上一级沟通，另一方面管理者还必须重视与部属的沟通。许多管理者喜欢高高在上，缺乏主动与部属沟通的意识，凡事喜欢下命令，忽视沟通管理。对于管理者来说，挑毛病必须实事求是，在责备的同时要告知员工改进的方法及奋斗的目标，既让员工愉快地接受，又不致挫伤员工积极进取的锐气。管理者首先要学到的就是身为主管要主动和部属沟通，而不能只是高高在上，简单地布置任务。

4. 教育员工应该主动与领导沟通

一般来说，管理者要考虑的事情很多很杂，许多时间并不能为自己完全掌控，因此经常会忽视与部属的沟通。更重要的是，管理者在下达命令让员工去执行后，自己有时并没有亲自参与到具体工作中去，因此不会切实地考虑到员工所会遇到的具体问题，总认为不会出现什么差错，会导致其缺少主动与员工沟通的精神。所以，员工尤其应该注重与主管领导的沟通。作为员工应该有主动与领导沟通的精神，这样可以弥补主管因为工作繁忙和没有具体参与执行工作而出现的缺失。

总之，沟通是双方的事情，如果任何一方积极主动，而另一方消极应对，那么沟通也是不会成功的。所以，加强团队内部的沟通管理，一定不要忽视沟通的双向性。作为管理者，应该要有主动与部属沟通的胸怀；作为下属也应该积极与管理者沟通，说出自己心中的想法。只有大家都真诚地沟通，双方密切地配合，那么企业才可能发展得更好更快。沟通是每个人都要面临的问题，也要被当做每个人都应该学习的课程，应该从团队协作的角度来对待沟通。唯有如此，才能真正打造一个沟通良好、理解互信、高效运作的团队氛围。

五、让团队沟通畅通无阻

一家优秀的餐饮企业，促成团队的精诚团结，实现团队沟通的畅通是一个大学问。可是，做到这一点并不是一件容易的事。通常，在沟通过程中由于沟通双方所具有的不同心态、表达能力、理解力以及所处的环境和所采取的沟通方式，都会影响沟通的效果。而在团队中，便会更多一层因团队关系而存在的沟通障碍。尤为突出的现象为：

沟通的延迟，即基层信息在向上传递时过分缓慢。一些下属在向上级反映问题时犹豫不决，因为当工作完成不理想时，向上汇报就可能意味着承认失败。于是，每一层的人都可能延迟沟通，以便想方法如何解决问题。

信息的过滤。这和前一个问题有着密切的联系。这种信息被部分筛除的现象之所以发生，是因为员工有一种自然的倾向。即在向主管报告时，只报告那些他们认为主管想要听的内容。不过，信息的过滤也有合理的原因。所有的信息可能非常广泛；或者有些信息并不确实，需要进一步查证；或者主管要求员工仅报告那些事情的要点。因此，信息的过滤必然会成为沟通中潜在的问题。

为了设法防止信息的过滤，员工有时会采取短路而绕过主管，也就是说他们越过一个甚至更多个沟通层级。从积极的一面来看，这种短路可以减少信息的过滤和延迟；但其不利的一面是，由于它属于越级反映，在管理中通常不鼓励这种做法。另一个问题涉及员工需要得到答复。由于员工向上级反映情况，他们作为信息的传递者，通常强烈地期望得到来自上级的反馈，而且希望能及时得到反馈。如果管理者能够提供迅速的响应，就会鼓励他们进一步地向上沟通。

信息的扭曲，是指有意改变信息以便达到个人目的的信息。有的员工为了得到更多的表扬或更多的获取，故意夸大自己的工作成绩；有些人则会掩饰部门中的问题。任何信息的扭曲都会使管理者无法准确了解情况，不能作出明智的决策。而且，扭曲事实是一种不道德的行为，会破坏彼此间的信任。

通过以上现象，我们可以看出产生这类障碍是由身份、地位不平等造成的。沟通双方身份平等，则沟通障碍最小，因为双方的心态都很自然。例如，与上司交流时，下属往往会产生一种敬畏感，这就是一种心理障碍。另外，上司和下属所掌握的信息是不对等的，这也会使沟通的双方发生障碍。

那么，如何减少沟通障碍、改善团队沟通的效果呢？

1. 尊重对方，换位思考

取得良好沟通的前提是允许对方说出心里话，并表明自己的观点。无论是对或错，都应当用鼓励的心态，宽容的思想来面对，而不是不顾一切地排斥。

2. 对事不对人

团队成员之间的沟通，更多的是业务上的沟通，而不是凭个人的兴趣偏好及个人的感觉，脱离事件的本身而对对方进行人生评价。

3. 讲究语言的抑扬顿挫

有条理，富有吸引力的语言，将会增强沟通的力度，给对方留下良好的印象。因此，沟通中运用柔和、得体、标准的语言，将会拉近与对方之间的距离。增进气氛的融洽，有效消除对方的心理矛盾，表露出真实的想法。

4. 沟通形式应多样化

为营造良好的沟通气氛，团队成员之间的沟通形式不应局限于餐馆内部的沟通，也不应当局限于特定活动地点的沟通。沟通的内容和形式应当多样化。

5. 不要忽略非语言形式的沟通

团队成员之间的沟通过程，也是人与人之间表露想法和心声的过程。心情愉快的沟通和心情抑郁的沟通，都会在行动中表现出极大的差异。非语言沟通是对语言沟通的一种补充。因此，得体的非语言沟通，将会有效地传递给对方感兴趣的信息，利于双方展开话题讨论。比如，内向的成员大多不善言辞，沟通者可以运用肢体语言，通过保持目光接触和用让对方感到舒服的姿势，面向说话人，往前靠，向对方表示自己的反应，还可以通过点头、微笑、表情亲切，竖起大拇指，以及在他们讲话时用“嗯”“对”“是的”等来鼓励他们。

6. 控制情绪是沟通得以延续的关键

情绪化是个人心态的一种反映，也是与对方沟通的重要影响因素。所以，在沟通中重视情绪化的沟通是非常有必要的。不利的情绪将直接影响沟通的效果，并有可能使沟通陷入不必要的僵局。在沟通前，进行必要的情绪调节和训练是非常有必要的，也是减少沟通失败的重要法宝。

7. 目标明确是沟通的前提

良好的团队沟通，能创造出轻松的气氛，但绝不是不讲求方式和漫无边际的聊天，而是围绕团队如何做好餐饮服务和管理工作，有目的的讨论。因此，制订切实有效的沟通计划和目标是非常重要的。

8. 给予对方信任和支持

既然是沟通，就要将想法和意见，困难和问题，思路和方法毫无保留地说出来。因此，在沟通中给予对方充分的理解和信任是非常重要的。忠诚的才是可靠的，信任的才是有力量的。

第六章　激励让团队充满斗志

一、充分调动餐馆员工的工作积极性

管理学无数案例表明，一个企业的成功经营，在很大程度上与员工的工作积极性是密不可分的，而一家餐馆的成功经营更是如此，因为它属于服务行业，更趋向于人性化管理。它表现在一家餐馆运作时需要员工有高昂的工作积极性，还表现在当一家餐馆面临严峻挑战的时候，员工的团结一致和员工的努力工作往往可以使餐馆转危为安。既然员工的积极性如此重要，那么要提高餐饮业的竞争力，提高员工的积极性势在必行。

餐饮业日常的工作环境造就了员工的“机械”性，每天重复无数的同样工种，显得疲乏，身体累，心更累。最佳的工作效率来自于高涨的工作热情。我们很难想象，一个对工作兴趣淡薄的人会全身心地投入到工作中，取得很好的工作效果。兴致勃勃会让人更好地发挥想象力和创造力，在短时间内取得惊人的成绩。相反，如果没有突破就会功败垂成。因此，调动员工的工作积极性，是各家餐馆面临的首要问题。

如何调动餐馆员工的积极性呢？

1. 变领导为引导

不可否认：“撞钟和尚”是由于强迫员工干他不愿干的事造成的。长期以来，有不少管理者都是以命令的方式来强迫员工做这做那，结果并不理想，这也极大地阻碍了员工发挥自己的特长。

2. 将工作变得有趣

俗语说：“办法总比困难多。”同样的道理，变化繁多的游戏总是比单一游戏来得有趣，倘若某一位员工对工作有兴趣，再加上工作本身富于变化，那做起事来便会投入，更愿意处理人事复杂、困难的事，同时也能充分发挥他自己的能力。

3. 由“厌业”到“乐业”

一个员工不可能只是从事同一岗位的工作，管理者应指导员工如何改变环境使工作变得更有兴趣，不管管理者使用何种方法，要使单纯的工作有所变化并非易事，应尽量让员工们加以思考或给他们创造出一个竞争对手，这样才能更好地激起员工的干劲。

4. 帮助他们完成任务

现在需要的管理方式远比过去的要“灵活”得多。当然，管理者是帮助他人完成其能力所及的事，描绘出未来的远景，鼓励教导他人，并能建立与维持成功的人际关系。良好的人际关系和沟通的能力、现场指导、身体力行，组成团队——这样会给员工产生榜样的效应。

5. 消除不安因素

餐饮服务工作中时常会出现一些因素，使员工感到无法安心。如果这些情况是由于身为管理者的你造成的，你一定要设法消除他们的不安。消除工作环境方面的不安，可以按这样的顺序进行：马上能做的，立刻解决；过一段时间就能改善的，宣布解决问题的时间表；暂时不可能解决的，诚恳说明困难的所在，逐一加以改善或说明，只要员工觉得合理，自然会消除不安的感觉，会使自己改变心态，从矛盾型转为稳定型，从而安心工作。

总之，以人为本的企业文化正在成为许多餐馆塑造他们企业文化的目标，让每个员工都感到命运掌握在自己的手中，能充分发挥自己的能力并实现自己的价值，而由此激发的工作热情更是无穷无尽的。

二、建立完善的激励机制

1. 建立激励制度的前提

有人说：在管理者的课程中，最值得我们花些时间、精力去学习的主题只有一个，就是激励。这对餐饮业也不例外。

一位好的餐馆管理者，每天都得不厌其烦地反复做激励这件事。如果不经常激励部属，关怀、照顾他们，纵然拥有一流的营销策略、产品，充裕可观的资金，也很难保证餐馆能在竞争激烈的餐饮业市场上扬名立万，赢得赞不绝口的声誉。

唯有透过娴熟、系统化的激励制度，一有机会就做激励这件事，这样才能让团队成员乐意追随你，才能打一场场漂漂亮亮的胜仗。

建立激励制度的前提是管理者自己首先要建立一套正确的激励理念。它包括：

（1）部属的动机是可以驱动的。

（2）绝大多数的部属会喜欢自己的工作。

（3）部属都期望把工作做好、做对，而不会存心犯错。

（4）每位部属对需求的满足有完全不同的期待。

（5）部属愿意自我调适，做出规范的行为。

（6）金钱有相当程度的激励作用。

（7）让部属感觉自己重要无比。

（8）激励可以产生大于个体运作的绩效。

2. 激励制度的完善

良好的激励制度，应该既包括正面激励，也包括反面激励。

所谓正面激励，就是这种激励措施，让得到的人，会有实质上的好处，或是让他们能在精神方面得到相当的鼓励。

例如，只要大家达成既定的生产目标，餐馆达到一定的营业额，就可以领到生产奖金，这种用生产奖金作为鼓舞大家往前冲的方式，就是一种正面的激励。

再比如，挑选一位表现最优秀的员工，接受餐馆模范员工的表扬，这种表扬对当事人而言，也绝对是一种正面的鼓舞。

所谓反面激励，就是利用人人皆有自尊心的道理，让当事人觉得如此做会不好意思，而产生一种自我约束的压力。例如，当把餐馆各班组业绩竞赛的成绩公布出来后，相信排在后面几名的人，一定会觉得很没面子，他们受了这种刺激之后，一定不愿下次再被列在榜后。

良好的激励制度，也应该以物质激励和精神激励并用。

（1）金钱。以目前餐饮业的大环境而言，这方面的诱因，比较起来还是最有效的，也是最能达到目的的。

根据抽样调查，一般打工族心目中的待遇和实际所领到的薪水之间，约有 25% 的差距存在。员工们当然希望能通过增加收入，来弥补自己这方面的不满足。所以当餐馆用这个大多数人都赚不足，且能影响到生活质量的东西，来作为激励手段的话，当然会吸引人的兴趣，效果当然也是一等一的。

像这种直接用金钱来作为鼓励员工的筹码，一般常见到的有薪水、年节及年终奖金、生产奖金、绩效奖金、红利、职务津贴，等等。

（2）非金钱的物质方面。这是指餐馆用来做激励的东西，虽然不是钱，但是它们还是和钱有相当的关系，如礼物、旅游机会等。这方面如果能好好运用的话，其效果也不会比金钱的激励差。

（3）精神激励。这指用一些不是物质的手法，来激发员工的士气。

虽然，在很多方面，精神激励没有像物质激励那样的直接、那样的吸引人，不过，如果能将它们掌握好的话，它们可能还会比物质方面的激励来得更有效。

例如，本饮食集团的董事长要来餐馆参观，这当然是一件大事。在参观的行程安排上，需要有人在董事长一进门时，代表餐馆向董事长献上一束鲜花。对被选中来执行这项光彩任务的员工而言，这样的激励对他绝对比给他几百元还来得有效。

三、激励员工的9个原则

人的内心和潜能就像一汪平静的湖水，管理者稍加激励便会使这片湖水荡起层层的涟漪。然而，激励不能随便、草率地进行，应该遵循一定的原则。

1. 每一个人都可以被激励

所有的人都可以被激励，因为每个人身上都存在着被激励的因子，如果能善用机会或设计适当的机制，激励他人的力量就会无所不在。因此，主管的角色就是提供机会以及找出适合的激励机制，以激发员工努力达成组织目标。

2. 员工要什么，就给什么

心理学家马斯洛所提出的需求层次论，告诉我们要诱发人的行为，就必须了解他现在的优势需求是什么，唯有对症下药才能有激励的效果。而期望理论则主张组织所提供的诱因如无法符合员工的偏好，就没有激励效果可言。因此，经理人要切记，给的东西必须是员工想要的东西。员工没兴趣的东西，给了也是白给。

3. 给少给多是学问

奖励的规模或程度如与员工的期望不符，就会缺乏激励效果。奖励过重，会使员工轻视激励的价值，而且下次还要加重激励的量才有作用。反之，奖励过轻，会让员工产生不被重视的感觉，甚至出现不满足感、失落感，从而丧失努力的动机。

4. 一定要公平

人是社会性动物，不仅会跟自己进行比较，也会跟其他人进行比较，对公平的认知就是比较之后的结果。当员工认识到奖赏不公平时，所有经理人精心规划的激励机制将全数落空。

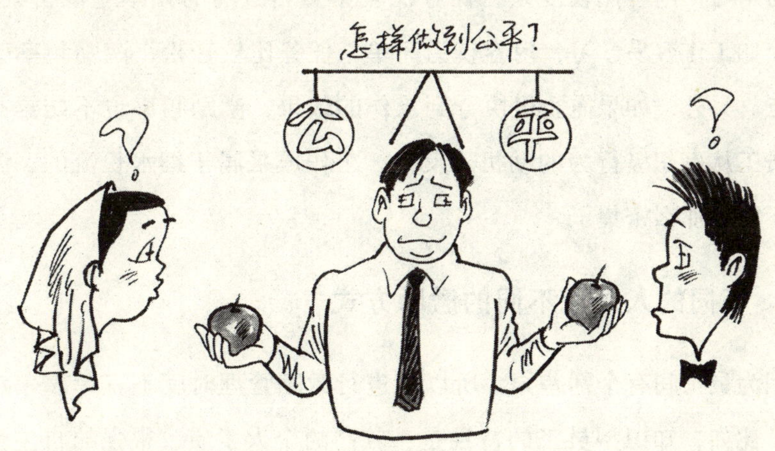

5. 没有信任就没有激励

信任是人际关系的润滑剂，是组织和谐的融合剂，更是任何管理技术的催化剂。因此，组织和领导者个人如不被员工信任，任何的激励机制都将化为泡影。

6. 目标难易要适度

目标是激励员工向上的重要诱因。目标定得太难，不仅难以达成，而且还会使员工产生挫折感。目标定得太容易，又缺乏挑战性，让员工没有成就感，也会导致资源的闲置与浪费。

7. 激励要及时

激励员工的时机是非常重要的，拖延会被认为缺乏诚意，迟来的奖励不是奖励。

8. 激励要讲究频率

所谓激励频率是指在特定时间进行激励的次数。一般来说，如工作比较不易学习，内容比较复杂，任务比较繁重，激励的频率应该密集一点。反之，如工作容易学习，内容较为简单，任务比较轻松，激励频率就可以低一点。另外，如果需要很快看到工作的效果，激励频率也不妨提高，以强化员工从事积极行为的动机。反之，工作成果属于细水长流的，激励频率就不需要那么密集了。

9. 不同的人采用不同的激励方式

因为员工间有个别差异，所以在进行激励管理时就不宜单靠一招半式通吃。比如，知识型员工的特性是：较高的个人素质、很强的自主性、工作价值较高、工作过程较难监控、工作成果难以衡量、强烈的自我价值实现愿望、蔑视权威、难以管理。对他们所进行的激励管理必须偏重精神性的激励机制，即强调自我实现、赏识、较少的监控、赋予责任等。至于劳力型的员工，适合他们的激励机制就比较偏重物质性。不同的员工，采用不同的激励方式，因人而异才能皆大欢喜。

四、有效激励的方法

激励的方法，常用的有如下 7 种：

1. 放权激励

据心理学研究发现，如果领导者能够充分给予广大下属以参与决策和管理的机会，那么这个团队的生产、工作、下属情绪，内部团结都能处于最佳状态。下属参与管理的程度越高，越有利于调动他们的积极性。

在工作中，领导者要采取“下属路线”，有事多和下属商量，集思广益。同时，领导者要用商量的方式与下属研究问题，这还可以增强下属对领导者的亲切感，从而进一步加深彼此之间的感情。在这样的领导者手下工作，下属就会感到心情舒畅，有话愿意说，积极性就能得到有效的发挥。

2. 目标激励

心理学家认为，激发动机，强化行为，要有一个激励人们的目标。但是确定的目标，既不能太高，也不能过低。目标定得太高，让人可望而不可即，令人失望，起不到激励作用；目标定得过低，轻而易举就实现了，同样也没有激励作用。只有那些经过一番努力才能实现的目标，才具有激励作用。

3. 信任激励

信任是对人的一种肯定，信任也是一种奖赏。人们在受到信任以后，便会产生荣誉感，激发责任感，增强事业感。尤其当领导者给予的信任与个人的意向、兴趣、爱好相吻合时，下属工作起来，不仅不是一种负担，反而是一种享受，这就能激发起下属更大的积极性。

4. 支持激励

下属在工作中遇到困难时，如果能及时得到上级的支持，他会以更大的热情加倍努力地去工作。上级支持下属，首先，要尊重下属的首创精神，保护他们的积极性。其次，对下属请示的问题要及时决断，不能久拖不决或决而不行。

5. 情感激励

领导者是做人的工作的，而人是有感情的，领导者必须用自己的感情去打动和征服下属的感情。要对下属尊重、信任和关怀，从感情上赢得下属的信赖，使他们愿意接近你，肯把心里话向你说，从内心里愿意听从你的指挥。上下属之间感情融洽，这是一种比什么都重要的巨大力量。

6. 关怀激励

希望得到别人的关怀，这是人不可缺少的精神需要。领导者对下属爱护越深，关怀越周到，越能温暖他们的心，越有利于形成一个和谐的工作气氛。人们在这样一个环境中工作、生活，就会觉得心情舒畅，就会更好地发挥自己的积极性。

因此，领导者对下属要关心体贴。首先是了解下属都有什么要求，激励他们在事业上进步，实现他们的抱负。其次是生活上的关怀。要了解下属的经济情况、住房情况、健康状况、家庭成员等，帮助他们解决衣、食、住、行等生活上的一些实际问题。这样才能使每个下属感到温暖，从而焕发出高昂的工作热情。

7. 领导行为激励

一个优秀的领导者很注意通过自己的示范行为，去激发下属的积极性，给下属信心和力量。领导行为激励，主要靠领导者自身的模范作用，去感染下属，鼓舞下属。他们的一言一行都应该给下属作出榜样，以便下属仿效。领导者要做得正，行得端，要以自己的模范行为去激励下属，带领下属，为完成共同的目标而努力奋斗。

五、将激励与约束相结合

激励与约束相结合，这是古往今来仁人智士总结出的用人之道。然而，很多管理者在实践中还是没能很好地执行，最终吃了苦头。诸葛亮就是典型的例子。

诸葛亮对下属之间的矛盾不调解，对下属的缺点不指正，重安抚轻诫勉，最终导致许多优秀人才走向失败。像关羽，诸葛亮早在赤壁之战时就看透了其自恃勇武、踞傲自满的禀性，诸葛亮不仅不加诫勉，甚至在诰封五虎上将时，关羽因不屑与黄忠“老卒”为伍而大放厥词时，还让费诗专程赶去拍关羽的马屁，令关羽更加骄横，这为失荆州埋下了祸根。像马谡，刘备临死前一再说“马谡言过其实，不可大用”，但诸葛亮不仅不在日常中对马谡加以斧凿，反而委以驻守街亭的重任，最终导致马谡违约领死。这样怎么会有人才脱颖而出的可能呢?

经营者激励与约束机制不对称，会产生很多矛盾。由于有了多重的约束，激励才能达到预期的作用。如果仅仅强化激励机制一个方面，约束不足的矛盾就会更加凸显。激励与约束的失衡，将会严重削弱激励的效果。

许多餐馆在实务管理中建立了考核制度，并且不断地加以补充完善，致使考核体系包罗万象。制度建立之初，效果也确实很好，员工们的许多陋习也改变了，上班按部就班，生产秩序变得井井有条，餐馆风气焕然一新，文明程度大大提高。

但是一段时间以后，问题也就暴露出来了，一些十分“听话”而智力很平常、缺乏可挖潜力的员工，每个月都能拿到考核高分，而那些富有灵气、有相当潜力可挖的员工，由于在特定的工作环境中其个性技能无法得以体现，考核又不可能有这方面的加分，同时这些员工往往有“不拘小节”的举动，如在角落里抽根烟、信手摘了朵花之类的现象，他们的考核分值反而比平庸者低。如果坚持这样的考核制度，这些富有潜力的员工就会失去工作的兴趣，对考核制度表现出极大的反感和抵触情绪。

因此，死板的人事考核制度可以规范平庸者的行为，并激发其工作热情，却会伤害部分高智商者的进取精神。当一家餐馆的人事考核制度成为平庸者的激励机制和潜在人才的枷锁时，一部分有潜力的员工就可能流失，这部分员工的流失就等于流失餐馆的明天。

员工价值的最大化，需要机会和“自由度”，也就是说餐馆要在制度以外创造出更大的空间，可以让员工们自由、轻松地发挥能力。发展空间的存在是员工自觉勤奋工作的前提，而这种发展空间不是招聘时餐馆向其描述的美好前景，而是在实际工作中可以发挥他的个性能力，在其价值实现后的及时褒奖。

但是如果轻视约定的特定工作内容和规范的操作程序，扩大了“自由度”，新的矛盾又会因此产生。餐馆必须追求员工个人技能熟练程度的不断提高，强化员工的专业化程度，提高餐馆的效率，因此，不可能给员工更多的自由选择余地，由他们去发挥自己的个性特长。面对现实，餐馆管理者不得不考虑另辟蹊径。

首先，从制度入手，改变一些无关紧要的约束性条款，使制度本身变得宽松，并留下修改制度本身的余地，让员工明白制度不是永久性的约束条款，在员工普遍接受和适应制度约束的前提下要减少惩罚性条款，增加激励性内容。

其次，将枯燥乏味的操作技能、熟练程度的提高与喜闻乐见的娱乐活动相结合，比如开展岗位技能演练表演、技术擂台比武等，在娱乐性的活动中，让员工体现自我价值，促进技能素质的提高。

最后，将福利活动、社会公益活动、餐馆文化活动全部交给员工去操作。参与组织的员工有了“参政”感，就有了使命感，在日常特定工作环境中得不到发挥的个性特长，在这个平台上就能淋漓尽致地发挥，餐馆从中也能发现不少具有组织能力、宣传鼓舞能力的可用之才。

湖边饭店技能大赛

第七章　督导——让餐馆团队在正确的道路上前行

一、督导对餐馆良好地运作意义非凡

餐馆管理层开了很多会，制订了很多工作方案，形成了不少好的决策，但最后往往只是会议记录和文件上的记载，却得不到落实，这就是因为没有督导工作的保障。或者，决策被安排人力、物力、财力去执行，最后却没有取得预期的效果，很多情况也是因为缺乏督导措施之下执行者行为发生了对目标的偏移，得不到评估和纠正所引起的。所以，督导对餐饮管理决策和执行环节的意义可谓重大。

督导工作是对个体和群体行为进行方向上的引导。餐馆管理者在使下属的工作方向明确后，还应引导他们，鼓励他们的热情，使他们心甘情愿地为实现既定目标而努力工作。

督导能够更有效、更协调地促进目标的实现。在餐馆运作中，管理者平日在工作上需要处理的疑难和有待解决的问题，可能是五花八门，多种多样的，这均会影响到正常的工作和目标的顺利实现。一般来说，主管在

组织餐馆团队达成任务目标的过程中，要处理的疑难和有待解决的问题，大致可分为以下几个类型：

（1）实际运作。日常业务未能按计划进行而发生的问题。如营业额报表的数据错漏、部分食材物资未按时到位等，这些问题是由于工作计划和控制失误所导致的。

（2）人事关系。如员工工作不积极、迟到或怠工、员工之间关系恶化而造成不合作的情况，这时问题可能是由于制度有漏洞或领导不佳所导致的。

（3）制度架构改善。如员工普遍对现状不满意，觉得应该进一步作出改善，如改革工资、奖金和津贴制度、开发新菜式和培训人才等。

团队目标靠人来制定，实现目标同样靠的是人，依靠人来利用各种技术、方法、手段去实现目标。而团队中的人们，对目标的理解，对技术的掌握，对客观的认识，包括他们的个人知识、能力、信念等都有许多的不同，从而在各自的工作中会采用不同的方法，用不同的标准进行衡量，这是十分正常的。督导工作的作用就在于引导团队中的全体人员有效地领会组织目标，使全体人员充满信心。通过督导的进行，协调餐馆各个部门、各级人员的各项活动，从而使全体人员步调一致，加速团队目标的实现。

督导还能够激发员工的“剩余才能”。督导工作是管理工作的一项重要职能，是作为一个有效管理者的重要条件之一。主管人员通过行使制订计划、组织、人员配备和控制等职能，是可以取得一定的成果的。但是，如果主管人员在他们的工作中能够进行有效的指导和领导的话，则他们所取得的成果将会更好。有研究表明：管理的计划、组织、人员配备，只能够引发下属60%的才能，另外40%的才能只有在督导工作中才能得以发挥出来。

作为餐馆员工，最看重的是领导者对待他们的方式与态度。他们希望自己被看做是独立的个体，希望自己的意见被倾听，希望被明确告知对他们的要求并说明原因。要想使他们努力工作，就需要创造一种使他们感到自己被接纳、被认同，能够坦言相对，具有公平性、归属感、开诚布公的工作氛围。对当今的多数员工而言，以前那种强硬高压的管理法已经不适用了。而良好的督导工作，正是建立这样一种工作氛围的有效途径。

不良的工作氛围会导致员工流失率增高、服务态度恶化，质量控制变差，这些将最终导致顾客流失、餐馆形象和经济受损。作为督导者，有义务去创造一种能让员工有最佳表现的工作氛围。

二、有效督导的5条准则

1. 直截了当指明目标

实现决策、有效执行需要一个明确目标。只有当目标明确了以后，员工才会有前进的方向，不同的职能部门、不同的员工在工作中才能形成一股合力，从而更好地发挥出团队的力量。

在现实中，往往是餐馆的高层领导对目标了如指掌（因为这是他们自己制定的），但却忽略了基层的执行者。这样，即使为实现目标而制订的计划再完美无缺，也会由于服务人员知其然而不知其所以然，而出现执行偏差。

美国的巴顿将军就非常明白明确目标对督导的作用。在欢迎新兵的演说一开头，他就开宗明义，十分明确地提出，你们到这里来，有三个目的，“保卫家乡和亲人”“为了荣誉”“真正的男子汉都喜欢打仗，既然参赛，就要赢”。这三个目标层次分明，第一个可谓是物质层面的目标，打败纳粹，保家卫国。按照一般的做法，只提出这一个目标，也算合格了。但巴顿并不仅仅局限于此，他又提出两个精神层面的目标，一方面是荣誉的要求，另一方面是个人精神目标。这三个目标，是物质和精神的结合，是集体和个体的结合。当每一个士兵都明确了解后，就为巴顿下一步的督导和管理埋好了伏笔。

2. 干事为企业，也是为自己

目标协调原理，是指个人目标与组织目标能取得协调一致，人们的行为就会趋向统一，从而为实现组织目标所取得的效率就会越高，效果就会越好。

在餐馆里，老板经常要求员工，个人目标必须服从团队目标，和团队目标相一致，否则，就不是称职的员工。人力资源部的招聘人员也因此经常受到责备，“你们招聘来的员工不符合餐馆的要求”。在许多餐馆，员工流失率很高，老板更是迁怒于人力资源部或者招聘人员。

其实，餐馆的绩效，主要包括利润和利润率、营业收入增长率、顾客流动量等指标。而员工个人的目标则是个人需要的满足，例如，工资、福利、发展等。而餐馆要完成绩效目标，就必须优先满足员工的个人目标，才能通过提高员工的个人绩效，来达到提高餐馆绩效的最终目的。

从根本上说，对员工的督导就是要促使他们尽其所能地为餐馆作出贡献。所以，管理者在阐明计划与委派任务时，应该协调个人与团队的目标，使员工能够发挥出献身精神，这将会使管理工作更加顺利地进行。

3. 劲往一处使，心往一处想

“6 号桌的客人催得很急，你先去那边顶一下，刚才叫你做的你先别管”。经常一再地变更命令，是在很多餐馆管理者身上发生的事情。因为突然的“变调”而慌慌张张的员工虽会尽力配合，但辛苦了一两次后，将会感到非常迷糊。

作为管理者，作决策前不慎重，或决策力不够，或耳根子软，作了决策发布指令后又感觉原来决策不好，想修改决策，于是出现决策指令正在实施过程中，随意、随时、随便、随机修改指令，导致指挥随意，督导也就无从谈起了。

因此，在头绪繁多的餐饮服务中，督导必须做到命令一致，在指令下达的界线内尽可能地减少重复和冲突，不允许因为下级部门或个人的不同，所发布的命令、指示有相互矛盾或抵触，更不能“朝令夕改”，使下级部门或人员无所适从，造成工作秩序的混乱，从而影响目标的实现并给下属造成心理上的不愉快与不满。

4. 亲临一线，直接管理

管理者同下级的直接接触越多，所掌握的各种情况就会越准确，督导工作就会越有效。

餐馆的管理很多时候需要的是直接管理，主管应身先士卒，深入一线，了解真情，与部属打成一片，共创业绩。员工觉得主管重视他们，工作自然十分卖力。

5. 保持有效的沟通联络

管理者与下属之间越是有效、准确、及时地沟通联络，整个团队就越会成为一个真正的整体。每个中型以上规模的餐馆会有大大小小不同的部门或者机构，各负其责，管理的流程是层层汇报。因此，几乎所有的餐馆在发展过程中都会碰到沟通不畅的问题。一般来说，餐馆的机构越复杂，管理层次越多，职能越不明晰，其沟通的效果就越差，高层指令传达到基层的时候往往已经走样；同样，底层人员的建议与反映在未到达管理者之前历经层层扼杀往往已经消失殆尽了。

这一点在当前国内的餐饮业中尤为突出，因为中国人的个性就是“办事程序喜欢变通”“碍于面子不愿意对别人发号施令”，这样也给管理上带来了很大的麻烦。例如，主管经常听到这样的话，“这事出错不怪我，我根本就不知道”“这事应该鱼池部通知我的，但他根本没通知”“你是让我干这事吗，我还以为你让我干那件事呢”。这样的沟通方式不仅无助于监督与管理，长此以往也会严重挫伤员工的积极性。

良好的沟通机制应该是多角度、双向的、多级的。应该在餐馆内部建立全方位的沟通机制，形成管理层与部门领导、部门领导与普通员工、管理层与普通员工、普通员工之间的多层次交流对话机制，保持沟通渠道的畅通，要让员工意识到管理层乐于倾听他们的意见；他们所做的一切都在被关注；使每个员工都有参与和发展的机会，从而增强管理者和员工之间的理解、相互尊重和感情交流。

三、督导中批评的艺术

批评是一项相当难以掌握的艺术。批评就好像是在别人身上动手术，稍一疏忽，就会伤人。因此，作为主管，即使是批评一名普通的前台服务员或洗碗工，为了收到比较好的效果，在批评时也要小心从事。

一忌发怒。发怒和批评本不是一码事。发怒往往达不到批评的目的。员工做错了事情，有时不能不叫人生气，但作为督导者要学会控制自己，千万不能对员工发脾气。

二忌恶语伤人。要善于摆事实，讲道理，不要讽刺挖苦，不能污辱人格，不可骂人，也不准嘲笑对方的生理缺陷。一旦伤害了对方的自尊心，就可能产生对抗的情绪，批评就难以取得成效。

三忌全面否定。是什么就说什么，有多少就是多少，不能夸大其词，更不能否定一切。

四忌当众批评。对员工的一般性过失，不要当众批评，特别是不要当着其他员工的面来批评。正确的办法是和他们个别交谈。有些问题必须当众批评或通报时，应在事先或事后做好对方的思想工作，帮助他们打消顾虑或抵触情绪。

五忌背后批评。对员工的批评一定要当面指出。这样，你的意见和态度，员工都非常清楚，也便于彼此交换意见。如果背后批评，再经过别人传递，往往容易走样，也可能使对方产生不必要的误解，从而影响批评的效果。

六忌求全责备。对员工的批评主要应针对工作方面，对与此无关的事项不要过多干涉。不能以个人的好恶为标准，对不合自己心意的行为横加指责，对一些琐事喋喋不休，那样会使员工谨小慎微，只注意小事，忽视大目标，这对于完成总体任务是十分不利的。

七忌算总账批评。有些人为了说服对方认识问题，把对方以往的错误像流水账一样，都一一数落出来。这样会使被批评者感到，督导者一直在注意收集他的缺点，这一次是在和他算总账，因而常常会产生对立情绪。

批评的目的是为了限制、制止或纠正某些不正确的行为。每个督导者都要学会掌握批评的艺术，来纠正员工偏离目标的行为，从而保证目标的实现。

批评的要领是：

1. 弄清真相，准确无误

督导者对员工的过失没弄清楚就批评，不仅会伤害对方的感情，也有失自己的威信。

2. 一般过失，及时批评

对一般的过错，批评要及时。如果拖的时间过长，当事人对过错已经淡漠了，再来批评，改正起来就不那么容易了。有些比较复杂的问题，需要时间进行分析，不宜立即进行批评。

3. 不同对象，区别对待

对性格急躁的人，宜用缓和的方式，商讨的态度，改变对方可能发生的对抗动机，稳定他的情绪。对于性格内向善于思考的人，宜用提醒为主的批评方式，只要把问题点出来，就会引起他的注意，也就达到了批评的目的。

4. 先表扬，后批评

在充分肯定员工的成绩的基础上，再对他提出适当的批评。这时被批评者会觉得批评者是善意的，对问题的分析也是全面的。

5. 批评不对，允许申辩

要允许被批评者讲明情况。如果是事实，就应当帮助被批评者澄清，绝不能让人受委屈。

6. 批评结束，多予勉励

在批评结束前给予必要的勉励，可以减轻对方的压力，增强其改正错误的决心。

四、用制度督导具有事半功倍的效果

有这样一个经典的管理哲学故事，说明了制度管理的意义：

有七个人曾经住在一起，每天分一大桶粥。要命的是，粥每天都是不够的。一开始，他们抓阄决定谁来分粥，每天轮一个。于是乎每周下来，他们只有一天是饱的，就是自己分粥的那一天。后来他们开始推选出一个道德高尚的人出来分粥。强权就会产生腐败，大家开始挖空心思去讨好他，贿赂他，搞得整个小团体乌烟瘴气。然后大家开始组成三人的分粥委员会及四人的评选委员会，经过一番互相攻击扯皮下来后，粥吃到嘴里全是凉的。最后想出来一个方法：建立轮流分粥制度，但分粥的人要等其他人都挑完后拿剩下的最后一碗。为了不让自己吃到最少的，每人都尽量分得平均，就算不平，也只能认了。大家快快乐乐，和和气气，日子越过越好。

同样是七个人，不同的分配方法，就会有不同的效果。可见，只有建立好的制度，才能做到公平、公正、公开，奖勤罚懒。

管理大师德鲁克曾说：就传统的工作者而言，工作者是为制度而服务；但就知识工作者而言，制度必须为他们服务。举凡成功的企业，都拥有良好的管理制度，几乎没有例外。

在现代企业全面提倡人性化管理的今天，制度化管理是人性化管理的基础。一个不具备科学完善的制度化管理的餐馆，其再怎么高举人性化管理的旗帜也只能是纸上谈兵。因为人性化管理它不能脱离制度而独立存在。

作为管理工作重要内容的督导，实行制度化的好处有这样几点：

（1）可将优秀人员的智慧转化成为餐馆众多员工遵守的具体经营管理行为，形成一个统一的、系统的行为体系。

（2）能够发挥餐馆的整体优势，使餐馆内外能够更好的配合，可以避免由于员工能力及特点的差异，使餐馆经营管理产生波动。

（3）为餐馆员工能力的发挥提供了一个公平的平台，不会因为游戏规则的不同、评分标准的不同，对员工努力的评定产生大的误差。

（4）有利于员工更好地了解餐馆，能够更好地规范餐馆的工作流程，让员工能够在其中找对自己的位置，有法可依，使工作更顺畅。

（5）有利于餐馆员工的培训，有利于员工的自我发展，员工由于有统一的标准可供参考，可以明确自己工作需要达到的标准，能够对自己的工作有一个明确的度量，自己可以发现差距，有自我培训发展的动力和标准。

餐馆要从根本上提高督导能力，应该从建立合理的制度和流程入手，否则，领导介入再多，设置的专业督导再多，只靠简单的人力投入和随意的工作方式去督导，也会导致效率低下，成本增加。

当然，制度化管理也存在出现不良后果的可能性。比如，管理太死，过于教条，使气氛沉闷；监管力度太严，造成员工的厌烦情绪，从而产生

抵触情绪；一味强调制度就是“圣旨”，无法变通，即便是一些不是违反原则的员工犯了小错也不能变通和给予其纠正错误的机会；员工人人自危，餐馆也如一潭死水，相互间毫无人性与真诚可言。

因此，制度化督导要体现人性化，以人为本，调动人的积极性和创造性，挖掘人的潜力。只有将人性化管理和制度化管理结合起来，实现优势互补，才能实现最有效的督导。

五、对餐馆营业前的服务督导

餐馆即将开始营业前，厅面楼面经理、部长应负责召集服务员分岗进行培训，检查服务员的仪容、仪表，强调当天营业的注意事项，熟悉当日厨房供应品种及特别介绍汤类、蔬菜类以及鱼池的海鲜品种和数量情况，掌握急推品种，以便向顾客推介，使员工在意识上进入工作状态，形成营业气氛。

具体的督导内容，细分如下。

1. 厅面服务

（1）招牌灯以及相关灯箱、灯光、电梯、空调是否按规定开启。

（2）门口相关水牌、POP 招贴画是否摆放、张贴是否符合规定。

（3）相关电源是否及时开启。

（4）餐厅内所有设备是否检查，问题是否上报。

（5）书柜、报纸上架，书刊、报纸是否更新并放置正确。

（6）餐厅桌椅是否摆放得整齐划一。

（7）检查餐台上台号牌摆放是否正确、齐全。

（8）备餐柜内餐具是否擦拭干净。

（9）台面相关物品是否摆放整齐，刀叉等是否按标准摆放。

（10）牙签等相关物品是否补充并保持干净。

（11）地面卫生是否干净无杂物、无油污。

（12）备餐柜内物品是否补充齐全。

（13）沙发是否干净，并整理平整无皱。

（14）椅套是否干净，并整理平整无脱落。

（15）托盘是否干净、并备好。

（16）垃圾桶（筒）是否干净并摆放各处。

（17）餐厅地脚和边角卫生是否良好。

（18）绿色植物是否进行保养。

（19）开水瓶是否保持干净并备有开水。

（20）是否了解当日急推和沽清品种。

（21）检查员工仪容仪表是否良好。

2. 厅面迎宾

（1）相关餐牌是否备好，并时刻检查餐牌的完好状态。

（2）地垫是否保持干净并摆正。

（3）检查员工仪容仪表是否良好。

3. 厅面传菜

（1）传菜部地面、墙面是否干净、无污迹。

（2）传菜用具（托盘、抹布等）是否保持干净、齐全。

（3）划单笔是否备好。

（4）传菜部相关器具（铁板盖、汤勺等）是否备好。

（5）沽清单是否及时提交给领班。

（6）小菜、调料是否备足。

（7）检查员工仪容仪表是否良好。

4. 厨房

为使厨房工作更加有序，厨房应成立餐前工作准备检查小组，对每天的餐前准备工作实施检查，并做好跟踪记录，以便对其各个岗位工作的考核和认定，以达到提高工作效率和稳定菜品质量的目的。

小组一般由行政总厨、厨师长、副厨师长及各档口主管组成。检查项目包括：

（1）炉子工作准备情况，包括：红油、老抽、由炉灶完成的初加工、菜谱上所有菜品的前期制作、成品、半成品的标准、质量等。

（2）墩子工作准备情况，包括菜谱上和宴席的所有菜品的前期切配、制作的标准、质量，成品、半成品的加工、干货的涨发及标准、质量，蔬菜架的清理等。

（3）荷台工作准备情况，包括调料、酱料、小料、油料的准备情况是否按每天的出品最大用量来准备，每天的出品最大用量的餐具、盘头装饰和所有初加工是否齐备。

（4）凉菜工作准备情况，包括调料、酱料、油料的准备情况、菜谱上和宴席的所有凉菜的前期切配、制作，成品、半成品加工的标准、质量等。

（5）小吃工作准备情况，包括调料、酱料、油料的准备情况、菜谱上和宴席的所有小吃的前期制作，成品、半成品的加工标准、质量等。

（6）笼锅工作准备情况，包括菜谱上和宴席的所有蒸制菜品的前期制作，成品、半成品的加工等。

（7）保洁工作准备情况，包括菜谱上和宴席的所有菜品、时蔬的初加工、整理、清洗，菜谱上和宴席的所有餐具的清洗和到位情况。

六、对顾客就餐期间的服务督导

此阶段的督导，核心是监督服务员把客人点的食品、饮料送上餐桌，在客人整个就餐过程中，照料客人的各种需要，最大限度地使客人满意。

具体的督导内容，细分如下。

1. 厅面服务

（1）对进入自己区域的客人是否及时接待。

（2）是否保持良好的微笑。

（3）是否提醒客人注意看好自己的财物。

（4）能否向顾客正确解释菜单。

（5）能否向顾客提建议，并进行适时推销。

（6）回答客人提问是否清脆、流利、悦耳。

（7）推销、复单时是否清脆、流利、悦耳。

（8）与客人谈话是否保持礼貌。

（9）点完单后是否进行复述，并提示客人稍候。

（10）是否迅速将所点单据传递到相关部门。

（11）是否马上根据菜单预先为客人准备好餐具和器皿。

（12）在尽力推销饮料后，是否为没有点饮料的客人们分别斟上一杯水或做好加水服务。

（13）对那些在等待中的客人们，是否经常巡台随时注意客人需求。

（14）当客人招呼时是否迅速到达桌旁。

（15）是否给就座的客人及时上欢迎水杯。

（16）对吸烟的客人们是否及时上烟缸，并正确地更换烟缸。

（17）检查服务员开的点菜单是否有错漏。

（18）处理投诉是否及时，是否按程序处理，处理的效果如何。

（19）是否随时跟单，负责好自己所点的单的所有相关事务的处理，如催菜、加菜、结账等。

（20）上菜时是否迅速、安全，不掉以轻心。

（21）上菜时是否介绍菜名，当菜上齐时是否告之客人。

（22）对于结账离桌的客人是否说谢谢光临。

（23）是否及时检查餐桌、餐椅及地面（有无客人失落的物件）。

（24）是否在客人走后及时进行清台、翻台。

（25）是否及时发现营业区域地面清洁问题并迅速进行清理。

2. 厅面迎宾

（1）是否保持微笑，保持淡妆。

（2）手中是否有公司的相关菜谱。

（3）对进入预定区域的客人是否主动上前招呼。

（4）招呼时是否稍稍鞠躬，并有眼神接触。

（5）对于能够协助客人的事情是否不遗余力。

（6）带客时是否走在客人右前方大约1.5米。

（7）带到位后，是否和服务员一起协助客人坐下，并让客人能马上拿到菜谱。

（8）是否按要求询问客人的相关登记手续是否办理。

（9）转身时是否太快，没有注意避免发生意外。

（10）送客人时是否做到不是随意而为。

（11）是否在送客时运用了送客礼节。

（12）整个营业过程中是否及时注意到各个区域的客人上座率，灵活安排客人入座。

3. 厅面传菜

（1）是否对厨房所有出品进行质量监测。

（2）出菜、上菜时是否核对点菜单，准确无误。

（3）是否全面掌握下单时间、上菜时间，并及时配合服务员催菜。

（4）调料等是否与菜肴同时上桌。

（5）传菜是否正确使用托盘。

（6）传菜过程中遇到客人是否主动礼貌避让。

（7）菜肴是否准确无误、迅速及时地送达客人桌旁。

（8）是否清晰准确地将台号及菜名告之服务员。

（9）特殊情况下是否协助服务员上桌。

（10）营业中是否随时注意传菜间卫生。

（11）传菜过程中是否及时回答客人问题，协助服务员为客人服务。

（12）对中途沽清菜式，是否及时告之组长、服务员。

（13）高峰期前后，是否外派传菜员协助服务组工作。

七、对餐馆收市后的工作督导

作为餐厅的管理者，你有没有过这样的经历呢？

一早走进餐厅的时候发现餐厅到处脏脏的，卫生做得不彻底，这里垃圾没有倒，那里清洁用具没有收，走进厨房，你又发现，厨房地面滑滑的，一眼望去，灶台上昨天炒菜后的菜渣什么的还留在那里，而一些该进冰箱的原材料却没有进，导致不能使用只能丢掉，使用煤气灶的部门没有将煤气脚阀关掉，等等，这一现状说明了什么？

这是一个非常严重的问题，最重要的是没有将各部门的收市工作重视起来，没有对员工的工作进行督导与跟进，导致出现了这一系列的问题。有管理专家指出，员工只做上司将要检查的工作，而不去做上司希望他们做的工作，所以，对于餐厅管理者来说，不仅仅是安排任务、安排工作，而更多的是要对员工执行后的结果进行检查、督导。

给客人提供的服务中包括间接服务和直接服务，餐前管理工作是间接服务中最重要的一个环节，而收尾工作也同样如此，对餐厅的经营起着很大作用，是餐厅卫生是否保持干净、是否存在安全隐患等的保障。

具体的督导内容，细分如下。

1. 厅面服务

（1）地面是否打扫干净。

（2）卡座的卫生是否完成。

（3）垃圾桶（筒）是否清理。

（4）餐桌台面是否收拾干净。

（5）相关电源是否正确关闭。

（6）书柜、报纸架是否整理收拾。

（7）门口是否按规定进行安全设置。

2. 厅面迎宾

（1）本区域是否彻底打扫。

（2）地垫是否清洁，并拿到厅内。

（3）相关餐牌是否交到收银台或吧台。

（4）门口是否按要求进行安全设置。

（5）相关电源是否正确关闭。

3. 厅面传菜

（1）托盘是否清洁干净。

（2）各种调料是否存放好。

（3）单据是否有专人对，并做到准确无误。

（4）相关器具是否收拾好。

（5）消毒柜内餐具是否协助整理补充。

（6）保洁柜是否全部关闭。

（7）相关电源是否正确关闭。

4. 厨房

（1）是否将工作用具擦拭干净后归位，放入保洁卫生区。

（2）是否将所有食品的原料放入冰箱或冷冻存放。

（3）是否将抹布洗净后加消毒液浸泡。

（4）是否将蒸箱放进锅中热水，关掉放水阀门后换新水。

（5）离店前，是否关闭所有水、电、器阀门。

解困篇

让离散的团队走向和谐

没有凝聚力的团队，

只是一把沙子；

拥有凝聚力的团队，

可以聚沙成塔，

带来餐馆的和谐。

第八章　性格改造：让餐馆员工更好地融入团队

一、拘谨型性格者的改造

不少餐馆服务人员做什么事情总是小心翼翼，缩手缩脚，畏缩拘谨。他们常常渴望表现自己而又羞于表现自己，渴望表现得大胆老练，而一到需要大胆和魄力的时候，却又失去了勇气。

拘谨型性格对餐饮业人员的服务会造成严重的阻碍，特别是与顾客打交道时过于拘谨，战战兢兢，甚至说话也不能让顾客听得清楚，这样当然会影响服务质量。

拘谨型性格员工的改造，关键在于要找出使其拘谨的原因，并进行有的放矢的提高。

1. 遇到比较重要的事情时，你是否相信别人的判断胜过自己的判断

如果是这样，则应增强自信，相信你的判断不比别人差。性格拘谨的人，往往缺乏对人、对事、对自己的正确评价，过高估计别人，认为别人什么都比自己好，而对自己的优点和长处却极力贬低，对自己的缺点则过于夸大，常有愧不如人之感。这样，在别人面前必然显得拘谨，有话不敢讲，有主意不敢拿，有本领也不敢露。

应当改变这种无根据的自卑，相信别人未必高明多少，相信自己的见解未必就不如他人。有了自信，成竹在胸，勇气就会产生，拘谨也就容易克服了。

2. 遇到比较难办的事情时，你是否常常认为困难超出了自己能力所能克服的限度

如果是这样，你应当充分认识自己克服困难的能力。拘谨的人，胆子比较小，遇到比较棘手的事情时，常把困难想得很大，脸上总是浮着失败的阴云，因为害怕失败而吓得不敢行动，缩手缩脚，畏首畏尾。

你应当相信：自己的努力增加一分，困难就会减少一分，相信事情只要开了头，就能慢慢理出头绪，找出克服困难的办法。如果这样想，你采取行动就会果断利落，而不会过多地犹豫和拘谨。

3. 遇到年高者、才高者、位高者，你是否过多地注意自己和他们的差距

如果是这样，你应当使自己尽可能地忘掉这些差距。拘谨的人都有个共同的心理特点——总让“差异”二字纠缠：面对年高者，过多考虑年龄长幼的差异；面对才高者，过多考虑学识深浅的差异；面对位高者，过多考虑地位高下的差异。

差异固然是客观存在，但在差异的背后，总隐藏着许多共通的东西。拘谨者要想摆脱窘境，一定要在心理上克服“差异感”，寻找共同点。

对方的辈分、才能、职务可能比你高得多，但他们毕竟也是人，你把他们看做是和你一样有血、有肉、有感情、有缺点的人，就不会感到过于紧张。而一旦找到了和对方的共同点，你在他们面前，就会和他们一样变得自然、悠然和坦然，从而言谈举止也就会旷达、舒展和洒脱了。

4. 在公众场合，你是否认为自己正在成为别人注意的中心

如果是这样，你要明确这不过是自己的一种幻觉。有的人在社交场合中，常常觉得所有的人都在注视着自己，似乎自己一举手一投足，都会引起别人的充分注意。这种心理状态再加上缺乏临场经验，就必然表现出不自然、腼腆甚至怯场。

这个顾虑一打消，你就会比较大方和自然起来。而你自己也会觉得原先的拘谨不仅多余，而且很可笑。

5. 在你将要进行某项重要的工作前，你是否想过：我一定要干得圆满出色、一鸣惊人

如果是这样，你要改变这种自添紧张的想法。

做任何事情，你如果只是像普通人一样去做，就不会对别人如何评价自己过于敏感。

但你如果想“我的举止一定要表现得非常优雅，我的讲话一定要非常动人，我一定要把这件事做得非常漂亮”时，这说明实际上从一开始你就对自己寄予了过高的期望。而要达到这个期望，你势必会过多地注意别人的评价，反复考虑别人是否满意，更加怕出错，这只能加重自己的拘谨。本来打算给别人一个好印象，但由于过分担心，反而给自己心理上造成很大的压力。

放弃这种过高的期望和自命不凡的心理，你的行为举止就会自然得多。

6. 当你从事不熟悉的工作时，是否害怕做不好丢面子

如果是这样，你就要认真克服自己的虚荣心了。

有的人在从事不熟悉的工作时，他们的想法是：要么出类拔萃，要么就不干。这其实是作茧自缚，只能把活动范围缩小在自己所熟悉的小圈子内，而一到开拓性的领域就寸步难行。

现代社会崇尚的是开拓精神，只有不断扩大自己的活动领域，大胆地到陌生的领域去寻求发展，不怕失败，不怕出洋相，从不熟悉到熟悉，从不会到会，这样才能锻炼出敢于开拓、敢于创新的大胆泼辣的性格。

二、怯懦型性格者的改造

怯懦型性格是因为意志薄弱、感情脆弱而形成的一种性格类型。

它的基本特征是：胆小怕事，容易屈从他人，甚至逆来顺受，无反抗精神；害怕困难，在困难面前常会表现出胆怯和惊慌失措，祈求到一个风平浪静的港湾躲避起来；感情脆弱，经不住挫折和打击；等等。

从发展的观点来看，怯懦型性格容易造就没出息的人。作为餐饮业人员，如果性格怯懦，就应当努力使自己坚强起来。

1. 树立信心

怯懦型性格，是精神优势丧失的结果。因此，要克服怯懦性格，还需要借助于信心的鼓舞。一旦确立了信心，你的心里就会感到充实和有力量，怯懦也就不复存在了。信心不会凭空产生，它要以对困难的深刻了解和解决困难能力的提高为前提。

你畏惧某事，那么你就要先去深入研究它，分析它的原因所在，分析它的内在规律，一旦你把它研究透了，信心就会产生。有的人之所以一再陷入怯懦的沼泽中不能自拔，其原因就在于他不能勇敢地迎着怯懦走上去，不敢钻进使他怯懦的对象里面深入地研究它，完全被他所畏惧的对象吓住了。由此可见，不是你所畏惧的对象造成了你的怯懦，恰恰是你自己对怯懦对象的畏惧，加剧了你的怯懦。

2. 克服怯懦型性格，最有效的方法是采取行动

有的人为什么渴望有所成就而又那么怯懦，就是因为缺乏行动而使他

们游离于实际生活之外。没有行动就不会有感受；没有行动就看不到希望；没有行动就产生不了信心；没有行动，你的心情将一直被忧虑和怯懦所弥漫。

行动起来吧！这是你克服疑虑和怯懦的良方。如果你没有勇气，那么行动将会帮助你产生勇气；如果你缺乏信心，那么行动将会增强你的信心；如果你看不到希望，那么行动将会在你面前展现出希望之路。

成功未必靠机遇、靠后台，靠那些你所没有的东西，成功主要靠你的行动。任何人都不要怀疑自己开拓新路的能力，成功的秘诀也许比你想象的要简单得多。

性格怯懦的人，要更加注意培养自己坦然对待失败的情感。怯懦，无非就是害怕失败，而越怕就越不敢行动，越不敢行动就又越怕。一旦陷入这种恶性循环，你的怯懦就会日益加深。怕丢分你就不去参加比赛，怕丢脸你就不做任何事。这样，你虽然不会成为失败者，但也永远不会成为胜利者，而这正是你害怕失败所付出的巨大代价。

有些你感到怯懦的事，初做时也许确实会失败，但只要你不气馁，终有一天你定能够征服它。越是你感到怯懦的事越要大胆去做，只要你能大胆去做，就能战胜你的怯懦。

比如说，你不敢正视顾客的眼睛。但是如果你抬起头来，直直地看着他们的眼睛，迎着他们的目光，看看结果到底怎么样，此时你会发现其实并没有什么不好的后果。

你不敢在餐馆开始营业前的培训或班组工作总结会时发言吗？你应当在自己最不敢的时候命令自己说出来，最多就是心太慌，语无伦次，前言不搭后语罢了，那也没有什么要紧，不过是因为自己缺乏锻炼。事实上，随着你这一类的锻炼增多，勇气就会自然产生，以后就能自如地发言，而不再感到怯懦了。

三、内向型性格者的改造

内向型性格是倾向于内心活动的一种性格，其特征主要表现为含蓄深沉，感情不外露，城府很深，对与己无关的外界事物不感兴趣。

性格内向的人，性格上的优点和缺点往往连在一起。总体来说，内向型的性格，优点主要表现为冷静、深沉、稳重，缺点主要表现为孤寂、羞怯、拘谨。

内向型性格的改造，一方面要注重发扬内向性格的优点，比如，充分发扬善于沉思、爱用心计、善于进行内心活动、喜欢独立思考问题的长处，以使自己能够更安静、更深入、精力更集中地思考和钻研问题；充分发扬情感冷静深沉、办事稳重谨慎的长处，把事情做得更细致、更扎实，以减少失误；充分发扬具有韧性和耐久力的特点，持之以恒地为既定目标作出长期努力；等等。

另一方面，要努力防止和克服过于内向的缺点：

1. 既要注重内心活动，也应经常关心外部事物

要经常和外部世界保持密切的联系，防止过分孤僻。尤其是要对同事给予关心。同在一家餐馆里，大家工作都很繁忙，总有需要彼此帮忙的时候，对别人需要自己帮忙的事，则应表现出很大的热情。

2. 既要保持情感的含蓄深沉，也应防止城府太深

过于含蓄深沉，城府太深，使人不识其真面目，就很难和别人真正建立起相互信任的关系。并且，内心情感藏之过深的人，遇到想不开或难以处理的事时，常常闷在心里，既不能及时得到朋友的帮助，也容易使自己钻牛角尖，或者因为一点小事想不开而压抑颓丧，忧思成疾。这样，无论

是对自己的生理还是心理的发展，都是很不利的。

3. 要积极培养人际交往的主动性

性格内向的人在人际交往中比较被动。不应当这样想：“你不同我交往，我也不同你交往”，而应主动地去接近别人。双方都采取主动，交往才有频度和深度。

4. 要多向性格外向的人学习交际和活动方式，提高自己的活动能力

比如观察和学习性格外向者怎样在众人和生人面前侃侃而谈，怎样潇洒自如地同陌生人打交道，怎样迅速地和别人沟通感情，等等。同时也要鼓励自己加强交际和活动能力的锻炼。

5. 要注意克服自我意识的过敏

性格内向的人，过多地注意内心的情感体验，对别人如何评价自己过于敏感，别人一个微笑、一句赞扬、一个亲热的举动，都会在内心感到欢悦和欣慰。

相反，别人一个冷眼、一句批评，或是别人对自己脸色不太好看，就怀疑别人对自己有了什么看法而心怀不安或恼怒，这就是一种自我意识过敏。它会把你的精力引向生活中的一些细枝末节，会使你斤斤计较于别人对自己的态度，而使你很难建立起正常的人际关系。因此，要注意克服这种感觉过敏。办法是：把自己的注意力由内心情感转向外部世界，丢开个人顾虑，少考虑别人对自己的态度，更多地考虑怎样克服当前的困难，怎样把学习和工作做得更好，等等。

四、冲动型性格者的改造

冲动型性格，是指急躁易怒的一种性格。这种性格犹如鞭炮，点火就着，随时都有可能爆炸。

冲动型性格常使人难以成功地自我控制，在不想发火的时候发火，不该发火的时候发火。有的时候，因发怒而破坏了自己愉快的心境；有的时候，因发怒而损害了同事、朋友间的感情，或导致家庭冲突；有的时候，则因发怒而把事情办得很糟，甚至造成难以挽回的后果。

案例

某饭店厨师长王某脾气暴躁，和员工时不时发生冲突。一天，点心间有人请假，恰好那天生意又忙，王某便随意指派了一名打荷工去做点心。

打荷工解释道：“我可不会做点心呀。”王某勃然大怒：“不会做也得做！跟着学不就行了吗！”打荷工刚申辩了两句，王某上去就是两耳光，嘴里还骂道：“叫你做什么，你就得做什么！”在众人的极力劝阻下，王某方才罢休。第二天，厨房里的员工大部分都递交了辞呈，王某的厨师班子顿时处于解体状态。

冲动型性格的人比其他类型性格的人更容易动怒。但是，性格作为一种心理特征，不仅受生理因素的影响，更受环境和教育因素的制约。

一个脾气暴烈的人，如果长期生活在温暖的团体环境里，他的性格就会渐渐随和起来。由于发怒次数的减少，体内的去甲肾上腺素的含量也会相应地逐步降低。

反过来，越是好发脾气，越是刺激体内去甲肾上腺素的分泌和活化，这就会造成恶性循环，使他的脾气越来越坏。许多人知道冲动型性格不好，但又恨自己没有那个雅量，事到临头不由已，无可奈何。

其实，火气的大小，还要看你是否注意这方面的修养。只要有决心，有毅力，又能采取适当的措施，冲动型性格是完全可以控制住的。

冲动型性格的人，在性格的修养上，要注意：

1. 培养宽阔旷达的胸怀

易怒者通常都是气量狭小者。不要过多地计较生活中的一些小事，生活中真正具有重大意义的事情是有限的，而真正在大事上犯颜动怒的人并不多，多数的怒气不过是过于计较小事而产生的。

遇有小事，忍让一下又何妨？最多就是吃一点小亏。那些善于在工作上开创良好局面的人，根本不会为鸡毛蒜皮一类的小事而犯颜动怒。即使他个人受到委屈，也能顾全大局，克制自己的火气。

有些冲动型性格的人，缺少的正是一种博大的胸怀。冲动型性格的人，还应培养自己的雅量，即容人之量。做人应当有一点雅量，不要动辄就指责和怪罪别人。遇到恼怒的事，不要总是想着怎样的不合己意。总是用自己的愿望去套客观现实，就常常会感到很不如意，会经常弄得自己怒气冲冲。

2. 设身处地从别人的角度、用别人的眼光来看问题

有的使你恼怒的事，可能是别人有意跟你过不去，但多数情况实际上并不是如此。或者是别人无意间弄错了，或者是别人和你的想法、主张、观念不一样，做出了不合你心意的事。像这种情况，你应当能够尊重别人、理解别人，没有必要、也不应该把自己弄得怒气冲冲。有的时候，还应当多想想自己的责任。事情都有你、我、他诸方面的因素，越是怪罪别人，就越会感到气愤，怒气也就越容易滋长。

其实，许多事情之所以没有做好，责任说不定就在你自己身上。冷静下来反省一下，从自己身上找找碰钉子的原因，把对别人的怒气变成对自己错误的发现和认识，不但能使自己更加清醒起来，避免盲目的发怒，而

且也有助于使你的缺点和错误得到及时的纠正和克服，从而使自己变得更加成熟。

3. 克服和铲除虚荣心

冲动脾气发作最多的时候，往往正是发怒者感到自己面子受到伤害的时候。有时发怒者怒气冲冲地指责别人，其实他内心也知道自己有责任，可就是不认账，使劲地指责别人，不过是为了顾及和保全自己的面子。“恼羞成怒”是因为丢了面子而发怒，而这样却并不能保护面子，反而会使自己更丢面子。

因此，冲动型性格的人，应当更多地以理智去思考问题，实事求是地分析和判断问题，而不要单纯从“面子”出发去处理问题。要努力养成务实求实、讲求实际的性格，克服爱虚荣、保面子、文过饰非的不良性格。

在餐饮业谋生，每个人心里或多或少都会积压一些烦恼，如果不加控制地宣泄出来，不但容易伤害别人，同时往往也会伤到自己。

随意地发脾气，实际上也是一种自我贬低，说明自己缺乏良好的修养，是不珍重自己的表现。因此，越是具有冲动型性格的人，越是要控制好情绪的闸门，不要让不良情绪随意地发泄。

五、孤僻型性格者的改造

每一个员工在走上工作岗位时，总是希望自己落落大方，举止高雅，谈吐流畅，在任何群体里都能自如地表现个性。

但事情常常不尽如人意，不少人从一开始就缺乏自信心，自愧在知识、才华、仪表等方面不如别人。特别是进入餐饮业后，觉得所从事的行业是一个被人瞧不起的行业，愈加地自卑起来。如果总不能克服，就会逐步形成孤僻型的性格。

性格孤僻的人并非不想去亲近别人，而是唯恐被人轻视和排斥，所以当恐惧感超过亲近别人的欲望时，就会极力地压抑自己的欲望，对别人采取冷漠的态度。自卑感使他不能自如地与人交往，轻松地应对谈笑，在人多的场合羞于表现自己。

性格孤僻的人，还常常表现出神经质的特点，其特征就是神经过敏。他怕别人瞧不起他，所以凡事故意漠不关心，作出一副瞧不起人的样子，使自己显得盛气凌人一些。

其实他内心很懦弱，很怕被别人刺伤，就把自己禁锢起来不与人来往。有人想跟他亲近，他就吓得像电击了一般；但别人不理他，他又觉得是自尊心受了伤害。

其实，别人并无轻视他的意思，是他自己对生活的细节太敏感了，以至于疑神疑鬼，总认为别人瞧不起他。这种感觉越强烈，就越发与别人格格不入，结果是给别人和自己都带来许多不快，甚至失去所有的朋友。

人一旦陷于孤僻，就会给个性的健康发展和事业带来严重障碍。

性格孤僻的人，很难理解别人，别人也很难理解他。在这种彼此陌生的状态中，遇事难以形成一致的意见，对社会、对人生难以表现出共同的看法，当然也就很难建立起亲密融洽的人际关系。

孤僻型性格，还会导致种种心理疾病。长期在孤僻的状态中生活，不仅会使人失去朝气和活力，还会形成乖僻冷漠的个性，甚至会产生心理变态和人格异常。

克服孤僻型性格，最重要和最有效的办法是培养和增强自信心。

高度的自信心意味着一个人对自己信任、尊重，对自己采取肯定的态度。提高自信心的办法是经常参加各种活动，特别是到你所喜爱和擅长的活动中去，在这些活动中，你将可以看到自己并非弱者，并不比别人差。而这将会使自卑感慢慢消失，你会渐渐觉得自己是和别人一样健全的人，完全可以大大方方地以对等的态度和别人交往。

当然，这一切都需要有勇气，尤其是刚开始时更需要。有自卑感的人，在旁人看来毫不费力的事，他也必须鼓起很大的勇气才能做到。

除了提高自信心以外，以下几种办法对于克服孤僻型性格，也是大有裨益的：

1. 多参加社会活动和交际活动，扩大社会接触面

活跃的朋友聚会，热闹的团体生活，是克服孤僻性格的最好场所。不要总是把自己关在屋子里，或束缚在单独活动的小圈子里，这样只能使自己的性格越来越孤僻。

2. 选择几个好友深交下去，并珍重朋友间的友谊

不要满足于一般的点头之交，要注重交往的深度。一旦你打开了闭锁的心灵，在感情上和朋友们融为一体时，孤僻感就会在这种深厚友谊的暖流中融化了。

3. 主动地关心他人，对他人具有热心肠

要体贴别人，善于在别人需要帮助时主动给予帮助，对于同事要给予经常的注意和关心。如果看到同事之间不团结，就要竭力去排解；如果看到别人闷闷不乐，就要去了解他所苦恼的事情，并尽可能地给予帮助。

越是热心助人的人，越能得到人们的尊敬和信赖。这样的人，内心深处是不会有孤独感存在的。

4. 学会心理置换，避免交往冲突

所谓心理置换，指的是把想象自己在别人的位置上，设身处地为别人着想，以求得和别人的心理相通。

孤僻者在很大程度上正是只从自己的角度看问题，不从别人的角度想问题，他们在交往中发生的矛盾和冲突，往往是由于彼此没有注意对方对自己行为的感受和反应造成的。因此，应该学会设身处地去体验别人的心情，理解别人的想法。

倘若处在交往中的双方都能时常将心比心，学会心理置换，就能增加相互的了解和体谅，避免交往冲突，实现心理平衡和情感协调，取得彼此都满意的交往效果。

5. 多参加各种各样的文艺、体育和娱乐活动，寻求乐趣，使自己逐步变得愉快、活跃起来

文艺、体育、娱乐活动可以扩大我们的交往范围，活跃我们的情绪。

随着我们活跃程度的提高，孤僻状态也就会在不知不觉中逐渐消失。

六、冷漠型性格者的改造

有些人在生活中碰了几次钉子以后，便心灰意冷起来，自以为看破了“红尘”，看透了人生，热情消失了，兴趣没有了，对一切表现得很漠然。我们平时听到很多顾客对餐馆服务不佳的投诉，就是由于餐馆员工有这方面的不良性格造成的。

一篇名叫《洋快餐和中餐馆之比较》的文章写道：麦当劳的员工，每个人似乎都很忙碌，但干得都很带劲，从表情上看，他们似乎都很快乐，没有一个人有愁眉苦脸的样子。你能从她们的笑容看到工作的乐趣。在这样的环境下进餐，我的心情也很快乐。而绝大多数中餐馆似乎并不是这样。当你仔细观察中餐馆员工的情绪后，你会发现似乎总有几个服务员比较冷漠，或者应该说不快乐，她们也知道这种情绪绝对不能对顾客发泄，于是她们忍而不发，但是她们的表情和动作都能明显地表现出她们的情绪——她们不喜欢这样，她们不开心。当你遇到一个工作不快乐的服务员、愁眉苦脸的服务员时，虽然你能体谅她的不快，但是你的情绪肯定也会受到影响，你的餐宴也会有一些情绪上的小疙瘩，而这种情绪上的不快是再多的服务员恭迎大驾也无法换回来的。

另一篇名叫《为什么中餐馆很难成为世界顶级餐馆》的文章写道：要想成为顶级餐馆，有一点中餐馆是非常难做到的，那就是服务员的气质。比如我在法国餐馆就餐，给我们服务的法国小伙，面带笑容，动作娴熟，充满活力，不卑不亢，同时又非常重视我们的就餐感受，在被服务的过程中，我们心情都非常愉悦。这是一个平等沟通的过程，这感觉很难用文字表达（如同英国管家式的服务）。相对我在国内中餐馆的经历，是迥然不同的。在国内受到的要么是粗暴的（态度恶劣的，通常在小餐馆），要么是冷漠，木讷的（只是上菜机器，通常在中等餐馆），要么是谦卑的（如跪式服务，在高档餐馆）。

冷漠型性格，对于个人的健康和事业发展都十分有害。冷漠的人，由于对一切人和事物都采取漠视的、冷淡的态度，看不到真正的生活和真正的人生，看不到希望和曙光，觅不到挚友和知音。伴随着冷漠而来的，必将是内心深处的孤寂、凄凉和空虚。

性格冷漠的人，首先要点燃生活目标和信念的火炬。造成性格冷漠的原因很多，其中最主要的一条就是生活目标和信念的丧失。

刚进入餐饮业的人，绝大多数是很年轻的，充满了热情。但是，时间一长，就不可避免地要碰到各种各样的社会阴暗面，遇到一些难缠的顾客和令人气愤的事。这时候，他们的心理便会发生矛盾、冲突和动摇。有的人会想，所谓社会原来不过如此。有的会认为“我算看透了”，原来的热情就会逐步变得冷漠。

克服这种冷漠，关键在于全面地、理性地观察社会，从本质上去理解社会，把熄灭了的人生目标和信念的火炬重新点燃起来。

性格冷漠的人，要努力培养自己对于朋友、同事的挚爱。冷漠，从某种意义上说就是爱的情感的淡化与消逝。希望得到爱，这是人们精神需求的重要内容。一个能从各方面得到爱的人，生活是十分美好的。

生活中，每个人都应成为人与人之间爱的情感的传递者，每个人都应为爱的暖流融进自己的一分热情。朋友之间、同事之间越是出现了相对的冷淡和疏远，越需要我们以温暖的感情去消融这种隔膜，克服这种疏远。

其实，有时别人对我们冷漠正是我们对别人冷漠造成的。有的人得不到别人充分的关心和爱，从某种意义上说，就是自己在感情给予上过分自私的缘故。

要主动地去关心和帮助别人，感化别人。如果你能主动去关心他人，亲近他人，帮助他人解决实际问题，他人就会体会到你的挚爱，从而受到心理感染，对你回报以同样的挚爱。

第九章 团队中的冲突处理

一、正确认识冲突对团队的影响

在一个团队里，有冲突是很正常的事，并不用谈虎色变。一个团队的人，对事或物，每个人看到的可能不是一个全面，只是一个侧面，这样就产生了各自的理解，慢慢上升为冲突。冲突产生后，最关键的是项目团队领导如何来解决。而冲突是因为关联方对事情认知上产生了误差或歧义，而导致了一系列行为。

1. 冲突具有明显的消极作用

（1）有了冲突，不管这个冲突的起因是良性还是恶性，都势必影响到团队工作的正常开展。如果团队在这个冲突的处理上再有失偏颇，必然更导致对立方对工作的抵触情绪，那么工作就不能按质或按期完成，导致完成情况的效果不理想，从而对其他工作也产生连带影响。

（2）冲突影响团队的和谐、稳定，导致团队内耗。团队的冲突，不管是因事或处理事情的行为、语言，对当事双方都会产生一定的个人情绪，这种个人情绪的蔓延，影响到整个团队的和谐、稳定。所以，冲突引起的潜在危机就是内耗，双方各自抵触对方的工作。

（3）本来是一两个人或一两个部门间的冲突，由于这种氛围的扩散，就会在团队中形成一种奇怪的氛围，不良的因素会导致整个团队的融洽度逐渐降低。如果这个时候团队没有很好的引导，当事双方又不能正确认识，就会把这种冲突产生的情绪带入团队工作、生活中，影响周围的人，最后影响到整个团队，带来不必要的内耗。

（4）冲突影响员工个人的情绪与发展。不管是部门间或个人间产生的冲突，其冲突的主体都是员工个人，有些冲突，让员工看到个人的弱势或者团队管理的不足，产生悲观低落的情绪。又或者，员工的情绪偏激，认为受了委屈而备感不公或得理不饶人，产生带倾向性的抵触情绪。这类冲突，让员工无心工作或工作业绩低下，更别说在工作上得到发展与提升了。

2. 冲突带来内部竞争

（1）促进工作业绩的上升。冲突，是关联方对事或物的不同观点与行为。而团队的冲突，主要是因为工作原因而引发的。作为团队管理者，合理引导冲突双方，将冲突的注意力转向引起冲突的本身——工作上来，把如何解决问题、促进问题的落实作为方向，这样，冲突的双方就会产生竞争性，谁都想把出现的工作冲突的问题给予解决。在解决问题的同时，也促进了冲突双方的工作业绩的上升，从而带动整个团队的业绩上升。

（2）冲突促进员工个人技能的完善。发生冲突，这往往是其中一方的错误理解或解决问题的能力不足引起的，即引起冲突的员工个人技能不足，这种技能不仅包括工作的技术技能，还包括与工作相关的沟通、交流等技能。这些技能的不足，导致冲突的发生或扩大。

在这种情况下，团队管理者要客观的指出员工的不足，并为之作一些技能辅导，让员工充分认识到自己的不足，找出原因，弥补自己的不足，让个人技能得到逐步完善与提高。所以，冲突不是坏事，有了问题，如果找到解决问题的方法，不但问题解决了，管理者处理问题的能力也会提高。

冲突暴露团队的问题，推进团队管理的创新与提升，企业的变革。不管是个人冲突还是团队冲突，一下子将团队的问题暴露出来，究其原因，是团队的问题。如果团队将原因归结为部门或个人，那是不对的。这些部门或个人，是按照团队的思维或管理去工作、去做事，一切都是在团队的制度与管理之下进行的。

所以，出现了冲突问题，管理者应多找找团队的原因，是团队的氛围营造的原因、是制度建设的原因、还是企业文化的原因……找到原因，团队提出变革的方法，杜绝类似冲突的再次发生。这样团队就会不断地进步，不断地良性发展。

案例

鸿×酒家是一家开业已近10年的“老牌”餐饮企业，称得上是本地餐饮业的旗帜。在被别人问及成功之道时，老板林先生总是会说起对鸿×酒家的发展具有深远影响的一件事。

酒家开业1年多后，传菜部有个素质挺不错的服务员，由于对领班小尹布置工作随心所欲、没有质量标准、凭情绪或个人好恶批评服务员提出意见，遭到报复，两人终于爆发了激烈的争吵，一气之下离开了酒家。这个小伙子走时给林老板留了一封信，在信的末尾，他写道：“我非常不愿意就这样离开鸿×酒家，我毕竟在这里付出了心血，也曾经满怀着希望。我知道您一心想把鸿×酒家经营好，所以我希望您能重视管理上存在的问题，不要在其他人身上再发生这样的事情。”林总马上进行调查，发现领班小尹确实存在工作态度的问题，管理作风也十分蛮横。林总召开全体管理人员会议，通报了调查情况，并作出决定：对小尹扣罚当月工资，口头严重警告，责令其认真做书面检查，并在店内通报，一个月内如再犯同类错误，将撤销其领班职务。

正是在这封信的触动下，林总带领酒家几名主要骨干重建各项内部管理制度，并走南闯北虚心请教国内同行，还聘请资深人士担任顾问，使鸿×酒家日益走上规范化、科学化、精细化管理的道路，成长为本地餐饮业的翘楚。

所以，利用好冲突，就能让问题暴露出来，推进团队的创新与变革，促进团队发展。使冲突促进团队发展应掌握更多解决和避免冲突的方式方法，加强团队建设。同时，团队在正确引导冲突的过程中，也把团队向一个良性的方向推进，无形中增强了团队的凝聚力，牢固建立了团队解决事情、处理事情的行为准则，其团队在今后遇到类似冲突时，会不自觉地运用这些准则与方法。因此，冲突的合理利用，能增强团队建设。

二、处理好个人利益与团队利益的冲突

在一个企业里面，个人利益与团队利益之间的矛盾永远都是存在的。人都有惰性，每个人都希望少干活多拿钱，而站在老板的角度，又希望员工多干活少拿钱。在团队里面，普遍存在这种个人利益与团队利益的矛盾。如果团队负责人只强调团队的利益，或者只强调团队大部分人的利益，而忽视了其他人的利益，其结果很可能会使矛盾升级，成为冲突。

在中国的文化里面，是很强调个人利益要服从于团队利益的。一般来说，强调团队利益，拥有大局观，是无可非议的。但如果团队利益是以舍弃个人利益为前提的，就不可取了。因为团队利益在一定意义上就是每个个体利益的相加，如果一边强调团队利益，另一边却又忽视每个个体的利益，那么团队利益到底是谁的利益？

20世纪80年代出生的人正在陆续步入社会，踏上各种各样的工作岗位。这一代人无论是所受的教育还是所处的成长环境，都跟前几代人截然不同。他们追求个性，追求自我的表现，不会为了团队利益而固守某个岗位终生不变，他们坚信应该为了自己的职业生涯而奋斗，而不是为了集体的利益而奋斗。为此，他们敢于频繁跳槽，而不会在意自己的行为是不是对团队利益造成了损害。

如果企业领导或者团队负责人看不到个人利益与团队利益的冲突，而只是一味地强调团队利益，其结果很可能就是“忽视了个人利益，团队利益也得不到实现”。

案例

有一家酒家的前厅部经理，表现优秀，业务娴熟，经常为酒家找到大的客户。到酒家仅仅一年，就为酒家增加了大量的营业额。在年终总结大会上，老总特地邀请他坐到自己的身边，对他大肆夸赞，并宣称，酒家一年的业绩主要归功于这位前厅部经理。会议结束后，老总给了该前厅部经理一个红包，前厅部经理很高兴地接过来，打开一看，心里立即凉了半截：老总给他的奖金与他的期望值相差太大！失落感油然而生，但他没有表现出来，很好地克制住了自己。第二年新年一过，这位前厅部经理就递交了辞呈，跳槽到了另一家酒楼。不久，他的前东家的老总发现本酒家生意出现下降趋势，原来不少老客户都被这位前厅部经理靠着熟稔的人际关系拉到新东家那边去了。

这种因个人利益得不到合理的体现而使团队利益损失的事情，在现实中并不少见。它从根本上反映出个人利益与团队利益的矛盾。许多时候，团队领导为了平衡大家的心理，不得不把本该发给某个人的奖金分出一部分来发给其他成员，结果在安抚了其他人的同时，却把那个能力最优秀、贡献最大的员工得罪了。从结果来看，这种行为得不偿失。因为能力最大的员工，往往破坏力也最强。即使他能够克制住自己的报复欲望，只要他不再尽心工作，团队的业绩还是会受到很大的影响。所以，对团队领导来说，是谁该得的就该给谁，不能为了所谓的“稳定全局”而侵害某个人的利益。

三、餐馆员工内斗的处理

在一个企业里面，员工与员工之间、员工与老板之间，因为个人利益，出现明争暗斗、相互排挤与打压，这种情况屡见不鲜。餐饮企业也不例外。

在餐馆团队里面，出现这种不良的习惯，的确需要得到领导者重视，同时也反映出实质性问题，即餐馆的企业文化问题。在一个积极向上、能够带动所有员工发展的餐馆里，他们的团队中是很难发现有这种现象的，所以积极地改造企业文化氛围是杜绝员工内斗现象的一种根本性解决办法。

案例

老周刚担任某餐饮集团副总经理时，发现他分管的营运部状况不正常：部里八个人左右，分成两个帮派，两个帮派每天做的最多的事就是发现另一个帮派的小毛病，然后不断地打小报告。整个团队一点战斗力都没有，每天都在想着怎么算计别人和讨好领导。老周经过深思熟虑后，分步采取了处理措施。

第一步：人事调动。

通过对员工的了解和一个星期左右的观察，老周发现有几个员工根本不知道在这个企业里在做什么。用两个星期的时间，老周换了两个员工，然后又新补充了两个员工。并且对原有帮派的成员进行业务换岗。通过大概两个星期的努力，基本把原来的小帮派拆散。

第二步：开展企业文化培训。

老周在网上找到了有关的培训课程，强调在企业领导层的管理把员工当成自己的孩子，增加对员工的心理关怀。通过企业远景的描述和个人利益与企业利益关系的阐述，然后利用文化增加团队共融，学习家文化的内涵。老周对营运部的全体人员进行了培训，团队的凝聚力明显提高。

第三步：目标管理的实施和应用。

老周知道，如果只是在团队中营造一种文化，不去告诉他们该怎么做事的话，企业文化再好，也是无济于事的。最后一个环节就是目标管理的使用了。要使员工知道自己在这个企业该做什么，通过行为模式以及行为习惯的培养使员工知道自己要做什么，而不是老周让他们做什么。老周制定了一个详细的工作方案，通过对个别员工的单独思想教育，使他们了解在企业里该做什么，并突出个人能力在团队工作中的重要性。最后，通过

集体会议，进行工作安排。每个人明白他们该做什么之后，又在个人利益这个领域给予员工充分的引导，使组织带动个人学习，给员工制订阶段性的培训发展计划和学习任务，引导员工将个人其他经历放入到与企业共同学习之中，这样最终解决了团队在团结上的问题。

1. 处理员工内斗问题的办法

（1）拔掉毒牙、该清理就清理。面对团队中的不良分子，绝对不能手软，进行一定的说服教育后，如果还在继续破坏团队的成员，就一定要清理。及时加入新鲜血液，并对原有团队进行重组。

（2）寻找适合自己的文化。根据企业发展的情况，特殊性，制订一个既能满足员工愿景，又能符合企业发展规律的企业文化，营造和谐的团队氛围，建立好适合自己员工的培训体系，通过合适的员工活动增加企业团队凝聚力。

（3）管理模式的革新。不断学习先进的管理方法。良好的管理方法可以将团队优秀人才的能力发挥出来，并不断影响到其他员工，通过让员工知道每一段时间该做什么，明白个人利益与团体利益之间的关系，只有这样员工才能从每天的勾心斗角转移到工作中。

2. 处理员工内斗问题的注意事项

（1）记住你的目标是寻找解决方法，而不是指责某一个人。指责即使是正确的，也会使对方顿起戒心，结果反而使他们不肯妥协。

（2）不要用解雇来威胁人。除非你真的打算解雇某人，否则，说过头的威胁只会妨碍调解。如果你威胁了，然后又没有付诸实施，你就会失去信用，人们再也不会认真看待你说的话了。

（3）区别事实与假设。消除任何感情因素，集中精力进行研究，深入调查、发现事实，这有助于找到冲突的根源。能否找到冲突的根源是解决冲突的关键。

（4）坚持客观的态度。不要假设某一方是错的，下定决心倾听双方的意见。最好的办法也许是让冲突的双方自己解决问题，而你担任调停者的角色。你可以单独会见一方，也可以双方一起会见。但不管你采用什么方式，应该让双方明白：矛盾总会得到解决。

四、餐馆员工消极怠工的处理

员工工作懈怠、纪律涣散是餐馆管理过程中经常遇到的冲突现象。餐馆方面往往认为产生这种现象的主要原因是员工职业道德差、缺乏上进心。于是想方设法加强对员工的职业道德教育，希望以此来感化员工，激发起他们的工作热情和上进心。可这些工作基本上都是徒劳的，不但没有积极作用，有时反而增加了员工的反感情绪。

对任何一个餐馆来说，员工都是最重要的资本。没有员工的努力工作，就没有餐馆的兴旺发达。员工的懈怠与涣散是餐馆发展最大的敌人。因而，一个餐馆不管其规模大小，要想长期生存、发展下去，就必须彻底改变员工工作上的懈怠情绪与纪律上的涣散状况。

1. 造成员工消极怠工的主要因素

要想解决一个问题，必须要找到问题的根源。到底是什么原因造成了员工懈怠、涣散的状况呢？其实问题的根本还是出在餐馆本身上，多数情况下都是餐馆运行机制方面存在的问题，影响甚至打击了员工的工作积极性。

在具体的工作环境中，造成员工情绪懈怠及工作消极的主要因素包括以下几个方面：

（1）工作气氛不和谐，同事间缺乏合作精神，各种矛盾不断。

（2）员工的工作状况十分糟糕，职责不明，标准不清，偷懒、消极、逃避困难等现象频频发生。

（3）员工情绪低落，无进取心，对工作积极性较高的同事进行打击、奚落、冷嘲热讽。

（4）员工之间缺乏应有的尊重，员工对共同服务的集体毫无感情。

（5）上司缺乏领导应有的风度，嫉贤妒能，对有能力的员工打击、压制。

（6）员工没有充分发挥的空间及进一步发展的机会。

（7）员工的自我控制能力差，情绪化倾向严重。

2. 解决员工消极怠工的办法

当员工情绪的懈怠与工作的消极成为一种风气时，餐馆就很危险了，也就是说餐馆的工作环境已经很糟糕了。这个时候再想改变这种状况已经很难了。因而，任何餐馆要想平稳地经营和发展下去，从一开始就要在建立和营造一个良好的工作环境方面下足工夫。

要想达到这一目的，就要在餐馆内部建立合理、有效的运行机制，其内容不仅包括合理的薪酬制度与有效的绩效评估手段，同时也包括良好的内部竞争机制与完善的组织、管理制度，以及科学的责、权、利分布、运行、控制系统等。

作为餐馆的管理者要时刻记住一句话，那就是：在任何餐馆中都不存在职业道德差的员工，只存在管理水平低的领导。每一个管理者如果都能学会从自己身上寻找问题的根源，那么许多看似很复杂的问题就可以迎刃而解了。

当然对那些技术差、态度不好、拒绝改正、仍不胜任的隐形员工，餐馆要进一步实行末位淘汰制，目的是通过对末位的强行淘汰来增强这些员工的危机感和紧迫感，让他们从角落走出来，不再躲躲藏藏，共同推动团队的整体进步。

妥善处理好消极怠工现象，应按以下步骤进行：

（1）组织架构调整时，应充分考虑个人特质，采取不同的方法。对情绪不太稳定的管理人员，在做出调整之前及之后都应给予特别关注，了解他们的心理需求，以做出合理的安排。

（2）人力资源管理部门对部门调整可能涉及哪些人做出规划，并对这些人可能会带来的反弹做出预估，包括反弹将会带来哪些不利影响、如何平复这些反弹等。

（3）实施平复反弹的措施。与员工面对面沟通，说明餐馆目前面临的困境及下一步的发展计划，要求其服从餐馆组织架构调整的大局。同时注意观察员工的变化，对其言行保持一定的警惕性，合理利用绩效考核来约束员工的行为，在必要时发出一些警告信息。

（4）如果沟通无效，人力资源管理部门准确了解了员工的想法，即可延续餐馆一贯的制度与做法，在合同未到期前，事先通知该员工餐馆不再与其续约，而不是在出现投诉后才被动与员工沟通。

五、规章制度执行不佳的处理

1. 规章制度执行不佳的原因

为使管理规范化，一般的餐馆都会制定规章制度。规章制度管理的价值在于有效执行。但规章制度本身是否存在缺陷、执行者对规章制度内容的理解和认同是关系规章制度执行与否、执行好坏的关键。

制度与执行力不强的冲突，是很多餐馆普遍存在的一个共性问题，也是一个难点问题。例如，有调查发现，目前有关部门在餐饮业推行的餐具集中消毒制度执行并不理想。多数中型餐馆中虽然配备了消毒设施，但有的却闲置不用，一些餐馆消毒柜中存在污迹、菌斑等，有些塑封后的餐具洗刷不干净，甚至塑封内还有小昆虫。多数小型餐馆无消毒设施，甚至餐具洗刷也难以按要求进行。在食品的储存中，生熟食品混合存放的现象比较普遍，一些餐馆虽然能够分类存放，但在冷藏时却混合摆放，器具间没有有效隔离，极易造成交叉污染。这种现象不仅对餐馆的核心竞争力起到弱化作用，使餐馆在市场竞争中处于十分被动的地位，而且危及餐馆的生存与发展。

要解决制度执行力不强的问题，必须首先找到影响制度执行力的主要原因，才能够对症下药，取得成效。总的来说，最主要原因有以下两个：

（1）可操作性差造成制度执行缺乏基础。制度自身是否完善，是能否进入执行程序的前提。如果制度本身存在很多缺陷，那就失去了制度执行的基础。制度可操作性差主要表现在：

一是制度脱离实际。有的餐馆制定制度不注意密切结合自身实际，而是生搬硬套一些成功企业的制度，简单地进行一些改头换面的修改和调整就变成了自己的制度。

二是标准要求过高。制度对某个方面的标准要求提得过高，超出执行者的能力范围，使得执行者只能望尘莫及，会出现无法执行就索性不执行的现象。

三是缺乏严密性和稳定性。制度“弹性”太大，诸如“原则上不准”和“一般情况下应该”之类的笼统性措辞太多，缺乏严密性。

（2）缺乏有效的督促检查机制。有的餐馆虽然建立了不少制度，但没有落实督促检查的责任部门和责任人员，没有形成相应的督促检查机制，因此造成督促检查的缺失。员工遵守与不遵守制度没有相应的奖惩，或者奖惩标准不够明确等，这些都挫伤了员工遵守制度的积极性，最终导致制度执行力的下降。

除了上述两个最主要的原因之外，餐馆领导者的重视不够、相关职能部门的推进不力以及员工的自觉性欠缺等，也是影响制度执行力的重要因素。

2. 增强规章制度执行力的方法

（1）决策层和高层对制度建设的理解和支持是决定制度建设成功与否的关键。如果高层自己对制度建设都不理解和带头执行，那么制度不可能有执行力。高层对制度的理解与执行力度就决定了所带的管理团队的力度。正所谓“其身正，不令而行；其身不正，虽令不从”。

（2）管理观念的改变是保障制度执行力度的有力思想武器。在餐饮行业，有些管理者认为管理其实很简单，就是靠人盯人；也有的人认为，要什么制度，老板的言行就是制度，上级的言行就是制度。这些观念跟这些管理者自身的文化水平、特权思想和自由散漫的工作习惯大有关系。

（3）科学、规范和贴近餐馆实际的制度是保障制度执行的可行性与权威性的前提。老板们都想把自己开的餐馆搞好、搞规范，但是往往说的与做的不一致，要么照本宣科，把别的企业制度生搬硬套过来，结果“水土不服”；要么把规章制度作为一种装饰品，翻到那里给别人看。制度要有执行力，必须科学、规范，贴近本企业的实际，具有操作性。

（4）制度面前人人平等。制度反对特权，制度提倡公平。在现实企业管理中，很多企业不是没有制度，也不是制度不好，而是我们制度执行的标准不一样。我们执行制度如果是对人不对事，而不是对事不对人，久而久之，我们的制度也就形同虚设了。因此，要想企业制度化建设顺利进行，保障制度的严肃性，我们必须做到制度面前人人平等。

（5）奖罚分明是保障制度实际执行效果的最好保障。要想保障制度所有效果的实现，就得不断加强对制度执行情况的监督与反馈。再好的计划、再好的管理思想，缺乏有效的执行与监督，它的实际效能都会大打折扣。因为制度是靠人执行的，而人都是有惰性的；同时监督可以防止腐败、防止随意、防止散漫。

提升篇

建设能力增长型团队

餐馆的可持续发展，

需要从内部产生源源不断的动力。

第十章　培训：团队的加油站

一、培训是团队进步的催化剂

人类社会发展进入 21 世纪，全球经济正在加速融入市场化、知识化、信息网络化和全球一体化的进程，作为市场微观主体的餐馆面临着越来越激烈的市场竞争。如何在这种激烈的竞争较量中“适者生存”并长期持续发展，是每个餐馆的管理层时时刻刻都在思考的首要问题。

新时期的市场竞争，归根到底是人才的竞争，是如何开发并有效调动人力资源的潜能，以适应日新月异、快速变化的社会环境、经济环境、组织环境和技术环境，并能动性地为餐馆创造效益的竞争，人才竞争已成为餐馆之间的核心竞争内容。任何餐馆的创新、变革和发展，都是源于餐馆员工的不断学习和进步，员工素质将最终决定餐馆的竞争优势。餐馆的兴衰成败早已证明：“得人者昌，用人者兴，育人者远。”

员工培训，是指一个组织通过教学、案例分析或实际操作等方式，提高和改进员工的理念、知识、技能、态度和行为模式，从而使其按照组织的要求和发展目标，完成和改进本职工作并不断向前发展的过程。

在欧美发达国家中，员工培训被认为是餐饮业最有价值的可增值投资。据美国教育机构统计，餐馆每投入 1 美元用于培训，便可有 3 美元的产出。美国《财富》杂志指出："未来最成功的公司，将是那些基于学习型组织的公司。"

培训在推动团队进步方面发挥着至关重要的作用。通过培训，不仅可以提升员工的个人素质和技能而使员工受益，正如著名管理学家克里曼·斯通所说的"全世界所有员工最大的福利就是培训"，而且可以提高员工的自觉性、积极性、能动性、创造性和归属感，来增加餐馆产出的效益和组织的凝聚力，并为餐馆的长期战略发展培养后备力量，从而使餐馆长期持续受益。

员工培训已渗透到西方发达国家餐饮企业运营的方方面面，成为餐馆解决实际和潜在问题、提升竞争能力、拓展市场份额、制订发展战略的核心工具之一，例如：员工入职时，需要培训；员工绩效考评结果未达标时，需要培训；员工轮岗晋级时，需要培训；新技术、新工艺应用时，需要培训；新的管理制度、工作模式和系统出现时，需要培训；新工作岗位出现时，需要培训；出现高成本、高故障时，需要培训；市场推广不利时，需要培训；顾客频繁投诉时，需要培训……

但是，在对待培训这个问题上，当前国内大多数的餐馆却长期存在这样或那样的错误认识和做法。如，许多餐馆只关注对物的投入而忽略对人的投入，视培训为成本和负担，导致餐馆员工素质下降、服务水平低下，从而无法生存而濒临倒闭；另外许多餐馆却又面临着培训阻碍发展的另一个普遍问题：受训后员工离职攀高枝导致关键人才流失，从而造成岗位真空，以至于众多的餐馆管理者扼腕而叹："不培训是等死，怎么培训了反而变成找死啦?"

不少在餐饮市场上经过千锤百炼的餐饮企业，其培训观和培训操作经验启示我们：一个餐饮企业若想紧跟时代发展的步伐，适应不断变化的环境，在残酷的市场竞争中发展壮大，唯有建立起注重学习的组织文化环境，创造出良好的学习氛围，根据实际需求对员工不断地进行有的放矢的培训，改进员工的知识和技能，并采取有效的配套措施吸引员工、留住员工，开发并提高员工的综合素质，才能提升餐馆的整体核心竞争力。

经过培训的员工会令顾客更满意，而且会带来更多的顾客。吸引回头客最重要的因素就是员工对顾客的态度。一个从未受过顾客关系培训的员工一天可能得罪好几个顾客，他们发誓从此再也不踏进你的餐馆大门。造成工作成绩差的五大原因为：不知道做什么，怎么做，自已做得怎么样，得不到帮助，与领导不融洽相处。好的培训帮他们度过最初的难捱的日子，使他更快乐地适应工作。

管理者的培训同样重要：领导参加培训后，才能把学到的新的理念、新的思维带到日常工作中去。只要领导带头积极参与，通过不断地学习与培训，不断地改善管理层的思维方式与管理水平，这样培训就能产生更大的效果，也能通过领导带动整体团队。

因此，培训工作进行的好坏，越来越直接地影响到餐馆的运营品质，成为餐馆能否超越竞争对手的重要指标；员工培训，已经成为餐馆团队进步的催化剂，是餐馆持续发展、永葆青春的"源"动力。

二、餐饮培训需要注意细节

餐饮行业的细节体现在出品质量、产品价格、服务质量，但许多大大小小的餐馆在经营管理的过程中，只注重出品、价格，而忽略了服务。餐饮业的培训工作应着力在规范化管理、规范化操作、规范化服务上下工夫，最终表现为服务人员对服务细节的良好执行。

顾客不希望因为管理上、操作上、服务上一些小的失误，而让顾客烦心。其实顾客并不如我们想象中那么的挑剔，好多问题之所以存在是因为餐馆方面并没有重视顾客，是餐饮行业从业人员自身存在的问题，一直没有得到认识、改善，并进行针对性的培训，这就是培训的目的。

餐饮管理人员只要注重细节，就能发现自身存在的问题，一直以来，好多已具有一定规模的餐饮连锁企业，从表面来看有“完善”的培训体系，具体的培训内容，并有年度、季度、月度培训计划，并且每月都有培训不完的课程及制作不完的课件，好像培训部门每天都在尽职尽责，为了培训而培训，问题就出在这里。

有调查显示，有好多餐馆的一线工作人员连“托盘”都不懂得如何正确使用，摆台时或为顾客服务时连一些基本的操作要领、操作卫生都不懂，这就是培训工作的失败之处。

案例

吴家在当地一家知名的酒店为老爷子举行寿宴，豪华的包间里坐满一大桌人，热闹非凡。一道又一道丰盛的菜肴送上桌面，客人们对今天的菜感到心满意足。众人不断站起对老爷子说些吉利的祝寿话，寿星的阵阵笑声为宴席增添了欢乐，融洽和睦的气氛充满了整个包间。

又是一道别具一格的点心送到了大桌子的正中央，整个大盆连同点心拼装成象征长寿的仙桃状，客人们异口同声喊出“好”来。不一会儿，盆子见底。客人还是团团坐着，笑声、祝酒声此起彼伏。可是不知怎地，上了这道点心之后，再也不见端菜上来。闹声过后便是一阵沉寂，客人开始面面相觑，热热闹闹的寿宴慢慢冷却了。众人怕老爷子不悦，便开始东拉西扯，分散他的注意力。

一刻钟过去，仍不见服务员上菜。吴家大儿子终于按捺不住，出来找到部长。部长听完客人的询问之后很惊讶：“你们的菜不是已经上完了吗？”

吴家大儿子把这一消息告诉大家，大家都感到扫兴。在一片沉闷中，客人怏怏离席而去了。

客人逢有寿辰、结婚之类的喜事，酒店应尽量在环境布置、气氛烘托上大做文章。上例中的寿宴一开始很成功，但是由于酒店最后一步棋没下

好而功亏一篑，这顿宴席给客人留下的印象无疑是不妙的。其症结就在于，上最后一道菜时服务员少说了一句话，致使整个宴席归于失败。

服务员通常在上菜时要报菜名，如是最后一道菜，则还应向客人说明，最好再加上一句："你们点的菜上齐了，不知还要添些什么吗?"这样做，既可以避免发生客人等菜的尴尬局面，又可以增加一次促销行为，争取机会为酒店多做生意。

餐馆的服务工作中有许多细微末节的琐碎事情，然而正是这些事才构成了餐馆的服务质量。在整个服务中需要服务员的细致和周到，容不得哪个环节上出现闪失。为确保餐馆优质服务的好名声，在培训时，就应该告诫各部门、各岗位都必须竭尽全力演好本人角色的"戏"，哪怕只有一句很简短的"台词"，或仅有一个很不起眼的动作，都容不得丝毫马虎。在餐馆里任何岗位都不许发生疏漏，万一出现差错，别人是很难补台的。因此，培训中的细节问题绝不容忽视。

三、合理安排培训内容

一家餐馆在开业前，或者在一批新员工上岗之前，必须有一个明确的管理目标，为了达到这个目标就需要对员工进行培训。培训内容的安排，直接影响到培训成效，所以，必须把培训方案的设计放在培训前期工作的核心位置。

如何制订出一份高质量的培训方案呢？以下几点可以作为参考。

1. 进店考核

凡进入餐馆工作的服务人员，均应接受餐馆组织的考核。考核的主要项目（要求计分、评定）如下：

（1）写1份个人简历及家庭状况的简介（存档）。

（2）你认为自己有哪些方面的工作能力，最适合干什么工作。

（3）你认为干端菜送水这类服务工作能不能干出成绩来。

（4）你认为一家好的餐馆应具备哪几个最基本的条件。

（5）你认为一个好的服务员应具备哪些基本素质。

（6）你认为人与人相处最重要的是什么。

（7）你认为从顾客进店到离店，有哪些基本服务程序。

（8）你知道我国有哪几个最著名的菜系。

（9）你认为某某菜系的主要特点是什么。

（10）当你同餐馆领导、同事发生矛盾或冲突时，你认为该怎样处理或表达。

（11）当你对领导分配的工作不满意或认为不适合你时，该怎么办。

（12）你认为服务顾客应该从哪几方面做起。

（13）你认为在餐馆利益、顾客利益、个人利益这三者之间，谁是首要的，谁是次要的。

（14）当客人对服务和饭菜不满意时，该怎么办。

（15）你认为一个人发财致富或有出息，主要靠什么。

（16）请你摆一张五人就餐台。

考核要求：①评定考核成绩；②依据弱项确定训练目标；③了解培养前途和适用岗位。

2. 餐饮服务知识训练

（1）熟记员工守则，背诵后考试。

（2）熟记服务员职责，背诵后考试。

（3）熟记大堂服务管理制度。

（4）熟记员工考勤细则。

（5）熟习掌握待客的一般程序。

（6）熟习了解待客的准备工作。

（7）熟习了解宴会的接待规格。

（8）熟习了解川菜的基本常识。

（9）熟习了解本餐馆的菜谱、酒水知识，以及主要名菜的特点。

（10）熟习掌握顾客的消费心理。

培训要求：①先学习熟记，后考试；②以上各条，一条一条、一个一个方面学习考试；③学习之前要讲解，菜系知识由厨师长讲授；④考核要记分。

3. 语言行为举止训练

（1）学习熟记待客的文明用语。

（2）学习询问顾客的方式。

（3）学习自我介绍的方式。

（4）学习介绍和推荐本餐馆的方式。

（5）学习向顾客、领导提建议和作自我批评的方式。

（6）学讲普通话和掌握语言艺术。

（7）学习餐馆接听电话的方式。

（8）学习美容、穿着知识。

（9）了解面部表情和运用表情的方式。

（10）学习站立、行走、注视的方式。

（11）学会一般场合的唱歌、跳舞。

（12）学会与顾客、同事进行思想交流。

培训要求：①边学边示范；②学完后考试；③不要求很全，但要熟习要点。

4. 服务技能训练

（1）怎样迎接客人。

（2）怎样引导客人就位。

（3）怎样为客人沏茶。

（4）怎样为客人点菜、配菜和填写菜谱并及时送单。

（5）怎样传菜、上菜。

（6）怎样为客人斟酒水。

（7）怎样摆台、折花、布置就餐环境。

（8）怎样在顾客就餐过程中调理菜点、餐具、台面。

（9）怎样为客人分菜。

（10）怎样为客人撤菜、换菜。

（11）怎样处理饭菜质量和服务质量上出现的问题。

（12）怎样撤台。

（13）怎样结账。

（14）怎样为客人开机点歌。

（15）怎样欢送客人。

培训要求：①每条要专人讲解；②服务员作记录；③讲解人作示范；④按照讲解要点演习。

5. 经营公关训练

（1）怎样巧妙地将自己介绍给客人。

（2）怎样简明扼要地向客人介绍本餐馆的来历和特点。

（3）怎样根据顾客的消费要求向客人推荐本餐馆的名优菜点、酒水。

（4）怎样通过同周围其他餐馆的比较，向顾客介绍本餐馆的特色。

（5）怎样机动灵活地为顾客安排就餐位置。

（6）怎样根据顾客的需要和就餐气氛同顾客交谈。

（7）怎样为顾客订餐并确定消费标准。

（8）怎样在就餐后同顾客继续保持联系，密切同顾客的关系。

（9）怎样处理顾客对饭菜品种、服务质量的不满。

（10）怎样对待顾客的不正当要求。

培训要求：同第四部分。

6. 卫生防疫、消防安全知识

（1）学会怎样保持个人卫生，养成良好的卫生习惯。

（2）学会掌握食品卫生要求及制度。

（3）学会餐具卫生保养知识和方法。

（4）学会就餐环境的清理保养知识。

（5）学会安全用电知识及故障处理方法。

（6）学会安全用火、防火知识及处理办法。

（7）学会外出安全防护知识。

（8）学会同社会各种人员接触的安全知识。

培训要求：①熟习基本制度；②懂得处理、鉴别方法；③边讲解边示范。

7. 服务案例分析和操作训练

（1）写错了菜单或送错了菜怎么办。

（2）客人按菜谱点了菜而厨房没有怎么办。

（3）客人在菜里吃出了钓钩、玻璃碴、蚊蝇等异物后怎么办。

（4）不小心使油水、茶水、饮料等弄脏了客人衣物怎么办。

（5）客人对饭菜质量不满意时怎么办。

（6）客人因服务不及时、上菜不及时而发牢骚怎么办。

（7）客人想进包间消费而消费标准又不够怎么办。

（8）客人因对饭菜、酒水、服务不满意而拒绝付钱怎么办。

（9）客人因醉酒而行为不检点、甚至出现破坏餐馆餐饮娱乐设备的行为怎么办。

（10）客人认为餐馆提供的香烟、饮料、酒水是假冒伪劣产品怎么办。

（11）客人因不小心摔坏了餐馆的餐饮用具、娱乐用具或家具怎么办。

（12）客人对餐馆服务人员有越轨行为或不检点动作、语言时怎么办。

（13）客人在消费完毕后要求餐馆赠送礼品而餐馆又没有时怎么办。

（14）客人消费时间过长并已经超过下班时间，甚至影响下一餐准备工作时怎么办。

（15）客人因自己不小心将个人物品丢失而又寻找不到时怎么办。

（16）客人消费金额本来很少而又要求优惠折扣怎么办。

（17）客人因自己不小心而发生摔伤、割伤或烫伤行为时怎么办。

（18）客人没有带足现金和支票而又需要在餐馆用餐消费时怎么办。

（19）客人要求核对消费账单而发现收银台算账有多收的错误时怎么办。

培训要求：熟知每一种情况的应对方法。

四、将餐馆新员工的培训放在重要位置

现在，出外进餐的顾客大多都是有一定的经济能力和不时出入餐馆的人，他们深知花钱买服务这一道理。不少人认为，我掏钱进了你的餐馆吃饭，餐馆就得尽量满足我的要求，至于换个碟，递个热毛巾，饭后换热茶等常规的服务更不在话下。所以，在服务员上岗前做好培训、调教，是满足客人要求，向客人提供优质服务的前提。

有时，我们进餐馆吃饭或饮茶，经常会碰到一些因为服务员是新手，服务上发生疏忽或不到位，而使顾客和餐馆之间产生不愉快的场面。

案例

一次，龚家三代一共15人到餐馆吃饭，两老人家自然坐上席，还有三个年龄在10岁以下的男女孙儿。小朋友好动又好凑热闹，吃饭喜欢坐在一起说说笑笑、打打闹闹。但餐馆新来的服务员却没有注意到这一点，上菜时拣在两个小朋友之间行进，结果在上菜时，刚好两个小朋友说得手舞足蹈，服务员避让不及，手一抖将热汤洒到其中一个男孩的肩膀上。顿时，家长们纷纷指责这服务员的不是，弄得气氛颇为紧张，最后还是餐馆的经理前来道歉并做出适当赔偿才平息了这件事。

从此事中，可以看到两个问题，一是这服务员新来没有经验，二是餐馆对服务员缺乏培训指导。所以说，员工的培训是上岗前的重要环节，餐馆完成员工招聘后，首先应制订出培训工作计划，然后再选择培训方式，以后的员工培训就可以通过在此基础上略加变化来完成。

1. 制订培训计划

岗前培训一般分为两个阶段：第一是提高专业素质和集体观念阶段；第二是强化服务阶段。培训的主要内容可以根据各餐馆的特色来决定，一般包括：服务职业道德、服务礼仪、服务操作技能和程序、主要经营的菜品和酒水知识、餐饮卫生知识、公关知识、相关法规等，另外还包括有关身体素质的基本训练，如美姿和美仪训练等。

2. 选择培训方式

培训方式有很多种，培训新员工应该尽量生动形象。老师可以作示范表演，还可以利用角色扮演，尽量给新员工多一些参与的机会。中小型餐馆可以将培训和工作融为一体，短期聘请一些有多年服务经验的业内人士或专业老师，在早上开工前或找一个时间集中将培训要领做一个概要的介绍，然后在工作时间一面为客人实际服务一面进一步完善培训内容，老师可以做现场指点。

3. 制定工作细则

工作细则要对需做的工作作详细的规定，并指明需要注意的事项。有了工作细则，员工就可以清晰地知道究竟要做些什么以及怎样去做，这就为他们确定培训的内容提供了依据。

需要注意的是，由于顾客需求的复杂性造成了餐馆工作的一定难度，它要求员工在工作之中，应该意识到并善于分析顾客需求的复杂性，做出相应处理。因此，在新员工培训内容中，也应该包括两方面基本内容，即标准化服务和个性化服务。

（1）标准化服务。标准化包括两个层次，一个是服务人员服务程序的标准化，另一个是技术人员工作的标准化。每一位服务员在迎接客人时的程序都是一样的，说的每句话也都是通过培训学到的，先介绍什么菜品，后介绍什么菜品，甚至什么酒倒在杯里是多少也是相同的，这就是培训标准化的结果。在培训前都对这些东西做了量化，培训时员工要一一实践。餐饮业的技术人员则主要是指在厨房里工作的员工，为了标准化，培训内容要全部定量，比如某一菜在锅里的时间，某作料在某一菜品里的量都有标准，让员工按标准操作。

这样，通过严格的标准化工作培训，餐馆工作中的每道作业工序，从管理人员、厨师、服务员到保洁员；从进菜品质、净菜、菜肴烹饪、计费、服务用语、肢体语言等，都可以做到工作有章可循，奖惩有据可依。

（2）个性化服务。在培训中，为员工设计出多个场合的处理方案，比如，客人喝醉了酒、客人很挑剔、客人心情不好，等等，通过对场景的剖析，制定处理方案，即采取个性化的服务。

例如，餐馆遭遇顾客投诉，应做到有礼、有节。首先要排解顾客心中的怒气。站在顾客角度去审视问题。遇到火气特大的顾客，无论对方如何生气，如何怒气冲天，而你仍然是笑脸相迎。如果真能这样，无论多“刺头”的顾客，都会满意而归的，都能让冰山融化……所有这些，不会是简简单单的几句话就能总结的，她必须在实践中不断总结、提高，必须把餐饮业的普遍性与本餐馆的个性相结合。

个性化还强调的一点是，员工的个人魅力的培养。培训的时候，应该通过测试了解每一个员工的个性特点，突出一个人的服务个性。比如一个人的服务态度很好，另一个人的交际能力很强，或者是一个人的协调能力很强。通过个性的突出来服务不同的顾客。

五、创新使培训成果最大化

餐饮业发展日新月异，要适应不断变化的新形势，员工培训就应该走出俗套，创造出积极明显的理想效果，必须在培训理念及方式上不断进行创新。

1. 员工培训理念创新

很多餐馆将员工培训作为一项日常例行工作来抓，觉得走走过场就行了，时间长了就会浪费人力物力财力。这种观念必须得到纠正，并认识到员工培训是餐馆的一种投资行为，是可以使餐馆获得长期综合收益的行为。因此，对于餐馆来说，必须从思想上将员工培训视为餐馆的一种软投资，其重要性比餐馆看得见摸得着的厂房投资、设备投资更为重要。它和餐馆其他投资一样，必将会给餐馆带来丰硕的成果。

2. 员工培训方式的创新

目前，大多数餐馆采取的是你说我听，课后考试的培训模式。这种传统的培训方式，对于提高被培训者的分析问题、解决问题的技能水平帮助不是很明显。在员工培训方式的创新上，应根据被培训者的不同层次，采取不同的培训方式。例如，对于基层员工，其培训方式应更多注重培训的互动性、实用性及连贯性，应让其在接受培训的过程中，不断有亲自动手实践的机会，以增强其对培训内容的理解和掌握。而对于中高层次管理人员和技术人员的培训，则应注重培训方式的灵活性与挑战性，从而增强其团队协作能力、概念形成能力的培养。

培训方式的老化是导致参加培训的员工对培训缺乏兴趣、也是培训较难取得效果的重要因素之一。因此，培训过程中，在注重餐馆内部培训方式不断创新改进的同时，应适当聘请外部专家以及派员工参加专门培训机构组织的培训，一来可以开拓员工的视野，二来也可以提高本餐馆培训的质量与水平。

3. 培训师培养及选拔的创新

培训师的培养及选拔是做好餐馆员工培训的前提，一个好的培训师可以起到事半功倍的效果。对于相当多的餐馆来说，培训师基本上由各部门主管兼任，这种培训方式的优点是培训师对被培训者的优缺点及须加强的知识点了解较为透彻，易做到对症下药，但容易受自身知识面及结构的限制，很难有技能及知识等方面的全面革新和大的进步。

因此，餐馆一方面在采用一线主管给员工进行培训的同时，亦应加强专职培训师的培养和选拔。专职培训师应从餐馆内部选拔优秀员工担任，同时亦应考虑其学历、知识结构等方面，以衡量其能否胜任这一角色。对培训师亦应不断培训，可让其参加专职培训公司组织的培训课程，让其在丰富视野、增强技能的同时，亦可将所学新知识传授给本餐馆员工。

考虑到餐馆内部结构及所需知识、技能的复杂性，一个餐馆不可能在所有方面均有本餐馆培训师来完成。这样，可邀请一部分外部专职培训师来对某一专业领域进行培训，在学习外部先进知识、先进理念的同时，亦可节约一定费用。

员工培训的有效管理与创新在知识经济时代日益凸显其重要性，现代餐饮业的竞争是人才的竞争、知识的竞争，而培训正是培养人才、传播知识、实现知识共享的有效途径。因此，加强员工培训的管理与创新是餐饮企业在21世纪培育核心竞争力，取得不断成功的关键所在。

六、通过培训评估不断提高培训质量

培训评估是保证培训质量的有效手段。根据培训目标，确定预期的培训结果，然后采用适当的培训有效性评估设计收集信息和数据，并进行分析，最后实施评估并给予反馈。一般说来，培训评估包括以下6个步骤：

1. 分析培训需求

培训需求分析中所使用的最典型的方法有访谈法、调研法和问卷调查法。调查的对象主要集中在未来的受训人员和他们的上司，同时，还要对工作效率低的管理机构及员工所在的环境实施调查，从而确定环境是否也对工作效率有所影响。

2. 确定评估的目的

在培训项目实施之前，培训者就必须把培训评估的目的明确下来。多数情况下，培训评估的实施有助于对培训项目的前景做出预测，对培训系统的某些部分进行修订，或是对培训项目进行整体修改，以使其更加符合餐馆的需要。例如，培训材料是否体现本餐馆的价值观念，培训师能否完整地将知识和信息传递给受训人员等。重要的是，培训评估的目的将影响数据收集的方法和所要收集的数据类型。

3. 建立培训评估数据库

进行培训评估之前，餐馆方面必须将培训前后发生的数据收集齐备，因为培训数据是培训评估的对象。培训的数据按照能否用数字衡量的标准可以分为两类：硬数据和软数据。硬数据可以分为四大类：产出、质量、成本和时间，几乎在所有组织机构中这四类都是具有代表性的业绩衡量标准。软数据可以归纳为六个部分：工作习惯、氛围、新技能、发展、满意度和主动性。

4. 确定培训评估的层次

从评估的深度和难度看，包括反应层、学习层、行为层和结果层四个层次。培训者要确定最终的培训评估层次，因为这将决定要收集的数据种类。

反应层评估是指受训人员对培训项目的看法，包括对材料、老师、设施、方法和内容等的看法。反应层评估的主要方法是问卷调查。学习层评估是目前最常见、也是最常用到的一种评估方式。它测量受训人员对原理、事实、技术和技能的掌握程度。学习层评估的方法包括笔试、技能操练和工作模拟等。行为层的评估往往发生在培训结束后的一段时间，由上司、同事或顾客观察受训人员的行为在培训前后是否有差别，他们是否在工作中运用了培训中学到的知识。结果层的评估上升到组织的高度，即组织是否因为培训而经营得更好了，这可以通过一些指标来衡量。通过对一些组织指标的分析，餐馆能够了解培训带来的收益。

5. 调整培训项目

基于对收集到的信息进行认真分析，培训者就可以有针对性地调整培训项目。如果培训项目没有什么效果或是存在问题，就要对该项目进行调整或考虑取消该项目。如果评估结果表明，培训项目的某些部分不够有效，例如，内容不适当、授课方式不适当、对工作没有足够的影响或受训人员本身缺乏积极性等，就可以有针对性地对这些部分进行重新设计或调整。

6. 沟通培训项目结果

在培训评估过程中，人们往往忽视对培训评估结果的沟通。尽管经过分析和解释后的评估数据将转给某个人，但是，当应该得到这些信息的人没有得到时，就会出现问题。在沟通有关培训评估信息时，培训部门一定要做到高效、及时和不存偏见。

一般来说，餐馆中有四种人是必须要得到培训评估结果的。最重要的群体是人力资源管理者，他们需要这些信息来改进培训项目。只有在得到反馈意见的基础上精益求精，培训项目才能得到提高。管理层是另一个重要的人群，因为他们当中有一些是决策人物，决定着培训项目的未来。评估的基本目的之一就是为妥善的决策提供基础。应该为继续这种努力投入更多的资金吗？这个项目值得做吗？应该向管理层沟通这些问题及其答案。第三个群体是受训人员，他们应该知道自己的培训效果怎么样，并且将自己的业绩表现与其他人的业绩表现进行比较。这种意见反馈有助于他们继续努力，也有助于将来参加该培训项目学习的人员不断努力。第四个群体是受训人员的直接主管，他们对下属的表现受培训的影响情况有最大的发言权。

第十一章　开发潜能：团队的无价之宝

一、做好餐馆员工潜力的挖掘

未来企业经营的重要趋势之一，是管理者不能再如过去般扮演权威角色，而是设法以更有效的方法，间接引爆员工潜力，才能创造企业最高效益。未来管理者最重要的工作不只是与员工每天的工作有互动，还须做到在不花费任何成本的前提下，去挖掘、发挥员工的潜力。

作为餐饮企业的管理者，餐饮经理人应该努力去做一个识别“千里马”

的伯乐，不仅要用好现有人才，还要善于发现一些有发展潜力、且未被发现的人才。

1. 招聘低层员工

很多餐馆招聘员工时都要求“有×年的工作经验”“有大型餐馆工作经历的优先”等。这样招聘来的员工有一定的经验优势，一旦录用以后比较容易开展工作，也会给餐馆带来一些先进的管理方法。然而，业内人士也指出，应注重从低层次中发现并挖掘有潜力的人才。他们认为“工作经验丰富”或“有大型餐馆经历”的员工身上有两大缺点：一是有优越感，高傲自大，这样“高身份”的员工不适合重点培养；二是易攀比，容易拿新老板的缺点和原老板的优点对比，工作起来不踏实。而从小餐馆、低层次招聘来的员工，一直从事基层工作，不仅基本功扎实，而且心态也比较好，勤劳肯吃苦，待人热情没有架子，比较好管理。这样的员工就好比一张白纸，可塑性强。

2. 留意下层心声，挖掘潜力员工

工作之余，餐馆老板或高层管理人员可以和员工多交流，经常留意他们平时的反应。留意的内容很多，包括其说话、行动、别人对他的评价等。一般下层员工更容易讲实话。他们的行动没有经过任何“包装”，举手投足间就会流露出一些有用信息。如果发现有潜力的员工，就可以重用他们，这种人比较可靠，因为他们不会刻意来表现自己。

3. 工资岗位浮动，能者上弱者下

通过岗位轮换制度，员工能有机会被安排到各种岗位工作，从而发现其潜力，寻找到最合适的岗位。岗位调整时也要考虑员工自己的要求，主要可以有两条途径实现。其一，如果员工对所在岗位不满意，可以直接向领导反映意见。领导根据员工的要求，安排合适的位置，进行试用。如果该员工在此岗位上表现不错，就可以正式上任。其二，员工可以写书面申请，直接交给上级领导。领导认为其试用合格后便可调整岗位。

案例

在阿××餐饮集团，员工的岗位都会根据个人表现和个人要求进行调整，岗位根据“工资”的高低不断进行调整。集团制定了有效的考核制度，通过详细的考核表对每一位员工评定。考核分数高者、表现好的优秀员工就会脱颖而出，被提拔，员工的工资也会跟着变动。这样做可以给员工带来不少新鲜感，避免了“机械劳动”带来的厌倦感，同时也给酒店的工作引进了“竞争机制”，能者上弱者下，打荷做好了可以申请上灶炒菜，厨师长做不好的也一样有可能再重新从打荷做起，一段时间内“岗位工资”持续高者便被提拔。除了“岗位工资”有浮动以外，集团还有综合考核以确定最终成绩，具体参考内容有点菜率、平时表现，如有无迟到、有无违反酒店制度、有无受到顾客、领导、同事的表扬，等等。

4. 让员工参与对他们有利害关系事情的决策

这种做法可以表示对他们的尊重及处理事情的务实态度，员工往往最了解问题的状况，改进的方式以及顾客心中的想法，当员工有参与感时，对工作的责任感便会增强，还能较轻易地接受新的方式及改变。

5. 增加学习、成长及负责的机会

餐馆管理者对员工的工作表现要给予肯定，这样每个员工都会心存感激，大部分员工的成长来自工作上的发展，工作也会为员工带来新的学习，以及吸收新技巧的机会，对多数员工来说，得到新的机会来表现、学习与成长是上司最好的激励方式。

二、制定与业绩挂钩的薪酬制度

员工离开某个雇主而投奔另一个，其主要原因往往是为了得到更多的薪水和福利。这种激励与诱惑已经存在许多年了，而且还会继续发挥着影响作用。作为一个餐馆的经营者或老板，一方面要理解员工的这种合理要求，另一方面又要注意掌握住对员工计酬的几个问题。

1. 薪酬奖励要有原则

长期以来，薪酬计划的目标之一就是把报酬和业绩联系起来，也就是说干得越好报酬越高。但总的来说，这个目标实现起来并不容易，主要原因之一就是业主和员工的期望并不一致，员工觉得雇主太贪心，雇主觉得员工没努力，另一个原因是餐馆中员工的工作很琐碎，很难有明确的审核标准。这些结果其实都是由于管理不善造成的，所以，有几个规则是不能不遵守的：

（1）计划不要过于复杂。

（2）目标不要定得太高，否则员工会觉得这是管理者的一个无法实现的骗局。

（3）制定一系列业绩等级，什么是只能拿最低工资的业绩，什么是期望达到的业绩，什么是最佳业绩。

（4）重点要明确，针对真正关系到餐馆正常运行的关键问题，通常三到四个目标就够了。

（5）要员工彻底了解报酬制度，清楚怎样计算，怎样影响最终的报酬。

确定全部报酬的基本成分和浮动成分的比例是薪酬鼓励计划的关键，也就是说底薪和奖金的比例一定要合理。对于一家新开的餐馆，底薪可以低一些，但要把奖金的浮动额定得高一点，这是因为，新餐馆处于一个创业阶段，可能还在依靠贷款，底薪低一点可以令业主更好地控制成本。而新餐馆的员工大多数都年纪较轻，对于收人的稳定持久看得并不太重，较高奖金的刺激更能吸引他们，也更容易激发他们的积极性。

2. 规矩早定以免后患

薪酬的发放可以较为灵活，但一定不要乱了规矩，不要造成员工对管理者的不信任。

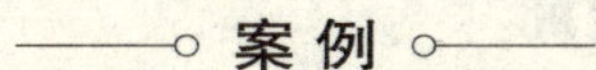

案 例

某中型餐馆是家庭式的经营，员工不多。店里有个习惯做法：每天打烊后老板都当着员工的面算账，然后把当天的营业情况告诉员工，到月底再根据整月的经营状况给员工发奖金。开始一段时间，由于这种方式明确地将餐馆的经营状况和员工的收入联系起来，所以大家的积极性都很高，工作非常努力。但时间长了，餐馆的营业额大大增加了，有个员工开始将每日的经营情况做粗略的统计，然后自己预算当月的奖金会有多少，可实际发下来的时候，员工发现比他预算的要少。虽然奖金已比过去有所增加，但该员工还是开始不满，在员工中散布受骗上当的舆论，使得其他员工的积极性也大受影响。

其实，员工的奖金不可能也不应该和餐馆营业额的上涨幅度成正比，但员工之所以会有这样的期望是因为老板开了个头，给了员工这种暗示，这就是乱了规矩造成的恶果。

3. 切忌一切用钱衡量

如果过度地强调薪酬，容易使人产生一种期望，即良好的工作甚至是例行的工作都将会得到更多的金钱，员工中一种“你以后怎样对我”的态度，会在收入未得到增加后产生不良的影响。管理者很容易陷入泥沼，不知道应该用多少钱来奖励每种业绩，员工肯定会暗中观察奖金的数量，相互攀比，并对薪酬产生更高的期望。所以，用薪酬的增加来留住员工是最容易生效，却最难持久，也是最容易产生副作用的，使用起来要谨慎。

三、激发餐馆员工对本岗位工作的信心

如果管理者不能信任餐馆里的员工，他们又怎么可能安心工作呢？如果你开始怀疑某个采购员或厨师，那你应该首先问问自己：我为什么不信任他呢？是因为他做过某些令你怀疑的事情吗，你是直接了解到的，还是道听途说？如果你得到的信息不是直接的或带有个人感情因素，你就应该亲自去确认。

当然，如果查明了你的怀疑是有根据的，而且问题仍然存在，作为管理者就应该当机立断，直接同那个员工讲清楚你的顾虑和态度，问题严重，你可以解雇他，或把他调到另一个部门，千万不要让这种怀疑的氛围继续蔓延，因为这样会严重地影响士气。

大多数情况，管理者最终会发现，起先的怀疑是没有根据的，那你就要尽快表明你对员工的信任。这样做有两种方法：第一，你可以直接用语言表达，第二，就是让那个被错误怀疑的员工去担任另一个重要的工作。例如，当你发现你怀疑的那个采购员其实一直在尽心竭力地帮你用最便宜的价钱买到最好的食材的时候，你可以增加他的采购范围和权利，这样，你对他的信任就不言而喻了，流言也可以得到遏制。自信的员工工作起来更有效率，他们对自己、对餐馆、对自身的价值都感觉良好，这样他们才会更愿意留在这个岗位上。

在一般的行业，雇员的信心来自两个方面：外部和内部。但餐饮业有个特殊的情况就是，服务员有时要受客人的气，遇到无礼的客人，服务员的自信心有时会受到很大的打击。所以，餐馆的管理者在建立员工信心这

一点上，任务更艰巨。

1. 管理者要向员工灌输客人至上的理念

对不讲理的客人还要微笑和忍让，并不是因为客人高服务员一等，而是因为他是客人，认识到这点，在餐馆这类服务型行业中尤其必要。

2. 管理者要在餐馆内部营造一个自信自尊的工作氛围

（1）定期找出优秀的员工，为他人树立榜样，把优秀员工的照片贴在客人也能看见的地方，培养员工的自豪感。

（2）经常开部门会议，各部门在其内部讨论工作，当讨论进行到大家都不感到拘束的时候就转换话题，让他们把注意力放到各自身上，让员工相互讲述对方的积极贡献，彼此都得到肯定。

（3）让员工在便条上写出对其他同事的尊敬和信心。管理者可以在大家都会经过，或者在客人也会看到的地方放上几张可翻动的卡片，每张卡片上列一位员工的名字，每个人都可以在纸上写出对该员工的评价。

营造一个充满信任和欣赏的工作环境，将会使餐馆上上下下的每个人都能愉快地工作。愉快的工作所换来的效果，往往会使人表现出主动和积极的工作态度并发挥出工作的热情，这应该是每一个餐馆经营者所希望的结果。

四、给餐馆员工发挥创造性的空间

一些老字号的餐饮企业，长期都是在一个稳定的大环境下发展，既不受景气影响，又缺乏强有力的竞争对手，自然它的组织就趋向官僚化，在安逸又传统的环境下难免养出了许多思想行为僵化的资深员工。然而，近年来随着金融危机的到来，营收开始不稳定，除了注重成本方面的控制之外，领导者也意识到如果不从根本上进行改革，迟早会被淘汰，因此快速

地进行企业改革，这样的事当然是自主性较强的员工所乐见的，因为管理方式与从前截然不同，可以让员工充分发挥潜力，无形中会产生许多一展抱负与成才的好机会。

餐馆并不是让员工养老的地方，在投入与产出之间需要慎重地计划，这些资深员工如果对于餐馆的产出没有帮助，反而还会妨碍新的活力与希望的注入时，餐馆就应有所行动，大胆进行创新，以免产生劣才驱逐良才的情形，导致更多的不公平，餐馆也更难在竞争多变的大环境下生存发展。

其实，每个人都喜欢在心理上和生理上接受工作的挑战，他们希望能够超越一般的准则。做了从未做过或别人做不到的事，人们都会感到兴奋、激动。因此，许多员工会自行在工作中创造挑战的机会，试图超越自我，这时，管理者应该扮演的角色是允许并鼓励他们，还应该设计和创造一些挑战以刺激员工去追求更高的成绩，使他们产生简单的工作也能超越自我的信心。一般而言，餐馆的服务员，令人觉得其难以有挑战自我的机会，因为每天的工作都差不多，而且似乎不需要什么创造性，难以有所超越。但实际上，服务工作比人们想象的有更大的发展空间。

案例

已有40多年历史的上海饭店，有一个平均年龄只有22岁的“三八”××集体——××中餐厅班组，近几年以其优质的服务，创下了上海餐饮业人均创利最高的纪录。为了让客人满意，他们真是挖空了心思。本来，行业里已有了全套规范服务的标准，可是这里的服务员在这些标准之外，又找到了更多“客人的需要”。比如，客人就餐时顺手挂在椅背上的衣服，会马上被悄悄盖上一块布，以防弄脏；饭前饭后喝茶时，手边的茶壶下面总有一个保温的小蜡烛；客人有什么要求，往往没等开口，服务员就已经走到了面前甚至代你先开口。

这是一种超前的服务境界，它要求服务员始终要用热情友好的目光关注宾客，预测客人要求，在客人提出之前，及时提供服务。令客人感到惊喜和高度的满意。同时，对于服务员来说，这样的行为把服务工作的档次和挑战性大大提高了，使千篇一律的按规定服务成为一种具有创造性的行为，服务员的工作虽然会因此更加繁忙，但也会更吸引他们留在这个可以令他们自豪的岗位上。

聪明的老板应该使每一个餐馆的员工都明白，创新可以令工作更具吸引力。餐饮行业中，厨师创新挑战的机会比较多，管理者要鼓励厨师开发新菜式，但不要让他们觉得你在批评他们现在的菜做得不好吃，而是向他们表明他们可以做出更独特更有风味的菜品。

当然，尝试新设想总有失败的风险，应尽量允许这种失败。员工并不希望失败，但得到支持的时候，他们会主动、大胆地尝试新事物、新方法。

不过，不要把挑战定得过高，因为进步是一点点、一步步实现的，如果目标太高，员工就会感到束手无策，甚至失去斗志。

餐饮业不是什么能取得辉煌成就的行业，管理者要树立不断进步的理念，让员工明白，每天都做得更好，小小的成功能避免大溃败。

五、大胆栽培年轻员工

“现在的年轻人根本就没有‘敬业’的概念，他们更多的是讲求‘自我’。年长一些的员工在工作中可能会顾全大局，但不少年轻员工做不到。”许多餐饮企业老板都发出这样的感慨。

其实无论多么卑微的人都是有梦想的，企业在实现自己的发展目标过程中也一定要帮助员工实现他的梦想。作为餐馆，给员工提供良好的薪酬和福利待遇很重要，但管理者同时还要反思：给员工的工作岗位能不能让他有机会实现自己的梦想？能不能使他做出一番成就来？这样的工作使他在外面会不会受到别人的尊敬？只有员工有成就感了，企业才能更好地发展。

年轻人往往缺乏职业规划，不太清楚自己究竟适合做什么，因此餐馆更需要留意他们的兴趣，安排合适的岗位，一旦他的兴趣和工作需求相吻合，这些年轻员工比一般人更有工作激情。特别是现在的餐饮业，80 后员工日渐成为主流，他们有独立的价值观，不喜欢受约束，强调自我实现。他们是不依附于某一企业的，所以流动性很强。现在不是老板炒员工，而是员工炒老板。因此，老板要为他们的工作提供条件、平台，培养他们向旧事物挑战，引导他们成为符合企业价值观的员工。

就拿年轻厨师来说吧。厨师是餐饮企业保持繁荣的主要依赖。在经济一体化和信息技术飞速发展的今天，餐饮企业管理者应认清形势，抓住主动，针对行业不断变化的新情况，搞好调查研究，把握新时期青年厨师的特点，确立新视角，打开新思路，按“业务技术精、道德品质好”的标准，努力建设一支过硬的厨师队伍。

现在的年轻厨师是在改革开放的大环境中成长起来的。他们的思想、情感、素质、爱好等，与时代息息相关，无不打上时代的烙印。因此，要做好新时期厨师的工作，既要继承和发扬吃苦耐劳等一系优良传统，又要创造鲜明的时代特色，从观念上、内容上、方法上与新时代的要求相衔接、相适应。

有的管理者往往用老眼光看人，致使青年厨师身上所蕴涵的时代特征和长处得不到理解和认可。他们往往把办事讲效率和厌烦无效劳动，看成是吃苦精神差；把竞争意识强和不甘示弱，看成是爱表现自己；把坚持原则和敢于讲理，看成是爱钻牛角尖等。

要解决这个问题，管理者必须进一步解放思想，在学习中提高水平，克服习惯性思维定式，自觉用新眼光看世界，正确地审视蕴藏在青年厨师身上的长短利弊。只有这样，才有可能发现和开辟育人工作的新天地，使餐饮行业的优良传统不断注入时代精神的新内容，着眼于青年厨师的生活需求、精神需求和发展需求，多做探路架桥的工作，努力为他们的成长创造良好的环境。

我们知道，厨师队伍中的高学历者凤毛麟角。这是由院校招生体制、学生读书偏科等各种深层次原因造成的。然而，一些厨师却错误地认为，成绩好的同学都上了大学，自己成绩差，当厨师前途暗淡，没出息，只能当一天和尚撞一天钟，混一天是一天，精神委靡不振，缺乏争先创优的勇气。其实，厨师队伍中聪颖之人比比皆是。管理者要善于用发展的、全面的观点看问题，讲透“工作只有种类不同，没有高低贵贱之分”“天生我材必有用”等道理，及时帮助厨师调整心态，走出认识误区，树立远大理想。

另外，还要把握年轻厨师的个性特点，在“因人施教”上下工夫。

俗话说：一把钥匙开一把锁。管理者要学会具体问题具体分析，善于从纷繁复杂的现象中找出问题，针对厨师不同的个性特点，真正做到因人施教。

由于地域的差异、城乡的差异、家庭贫富的差异、个人经历的差异、文化素养的差异和从厨时间的差异，青年厨师队伍中，肯定会呈现出各自不同的个性特点，必须因人、因事、因地制宜，有针对性地做好育才工作。

管理者如果处理不好共性与个性的关系，往往就会犯一人“生病”，就让大家同吃“一副药”的错误。这样，不仅引起大家的反感，而且问题得不到有效地解决。

要做到因人施教，管理者首先必须做到与青年厨师打成一片，通过谈心等方式，悉心掌握他们的个性特点、思想变化和工作情况。掌握了第一手材料，就有了做工作的依据，再根据不同厨师的不同情况“因病施药”。此外，还要讲究施药的方式方法，用对方最容易接受的方式解决问题。

无数事实证明，只有根据年轻员工的不同特点，采取相应的方式和方法，特别是端正态度，坚持尊重人、理解人、关心人的原则做工作，才能收到最佳效果。

六、创建学习型的团队

20 世纪初，英国的乡村有一套牛奶配送系统，将牛奶送到顾客门口。由于牛奶瓶没有盖子，山雀与知更鸟常常毫不费力，便在顾客开门收取牛奶前，先一步享用。后来，随着厂商加装了铝制的瓶盖，山雀与知更鸟便不再拥有这“免费早餐”。但到了 50 年代初期，当地的所有山雀（约 100 万只）居然都学会了刺穿铝制瓶盖，重开“免费早餐”的大门。反观知更鸟，却只有少数学会，始终没有扩散到大多数。

很明显，山雀经历了组织学习的过程，借助个体的创新技能，传送给群体成员，成功增加了族群对环境的适应力。但问题是，为什么山雀可以，而知更鸟却不能呢？生物学家发现，山雀在年幼时期，就已习惯和同类和平相处，甚至编队飞行。而知更鸟则是排他性较强的鸟类，势力范围内是不允许其他雄鸟进入的，同类之间基本上是以敌对的方式沟通。因此，虽然两者同属鸟类，但和谐相处的山雀，比起互相敌视的知更鸟，更能学习互助，进化程度更高。

由此可见，在一个群体内，如果内部竞争太激烈，成员之间互相争位敌视，就难以发展成一个学习型团队。所谓学习型团队，是指通过培养弥漫于整个团队的学习气氛、充分发挥团队成员的创造性思维能力而建立起来的一种有机的、能持续发展的团队。这种团队具有持续学习的能力，具有高于个人绩效总和的综合绩效。要成为学习型团队，先决条件是有和谐的内部气氛，这样团队成员才能互相分享知识。

有些餐饮企业的管理者误以为内部竞争越强越好，甚至刻意制造很强的竞争文化，自以为这是高明的管理手段，殊不知，这只是在带领企业步知更鸟的后尘。

餐饮企业要想在未来立于不败之地，必须要创立一个真正的学习型团队，轻松和谐、相互学习、团结协作，分享创新。

一个团队学习的过程，就是团队成员思想不断交流、智慧的火花不断碰撞的过程。英国作家肖伯纳有一句名言：“两个人各自拿着一个苹果，互相交换，每人仍然只有一个苹果；两个人各自拥有一个思想，互相交换，每个人就拥有两个思想。”如果团队中每个成员都能把自己掌握的新知识、新技术、新思想拿出来和其他团队成员分享，集体的智慧势必大增，就会产生 1 +1 >2 的效果，团队的学习力就会大于个人的学习力，团队智商就会大大高于每个成员的智商。

给一个人一条鱼，只能喂饱他一天；教会一个人钓鱼，才能使他一辈子不会挨饿。作为团队领导，不但要自己会钓鱼，还要教会员工钓鱼。给人以鱼只能使他“做对了事情”，授人以渔则可以使他“以正确的方法做事情”。不仅要做正确的事，还要正确地做事，这是活到老也要学到老的事情。

打造学习型团队，要做到以下 4 点：

（1）全员学习，即团队的决策层、管理层、操作层都要全心投入学习，尤其是管理决策层，他们是决定餐饮企业发展方向和命运的重要阶层，因而更需要学习。

（2）持续学习，即团队中的成员均应养成不断学习的习惯，这样才能形成团队良好的学习氛围，促进其成员在工作中不断学习。

（3）全过程学习，即学习必须贯穿于团队系统运行的整个过程中。学习型团队不应该是先学习然后进行准备、计划、推行，不要把学习与工作分割开，应强调边学习边准备、边学习边计划、边学习边推行。

（4）团队学习，即不但重视个人学习和个人智力的开发，更强调团队成员的合作学习与群体智力（团队智力）的开发。

当一家餐馆致力于构建学习型团队，当学习成为各部门的一种风气、一种传统时，每一位员工都有学习力，并能自觉地学习知识，以创新的意识投入到工作当中，那么餐馆的竞争力就会迅猛增强，必将迎来更加辉煌的明天。

后　记

经过一段时间的精心策划和辛苦努力，《唯高餐饮经典书库》终于和广大读者朋友见面了。

对于这套丛书的出版，我们感到无比欣慰和振奋！

多年来，我们一直高度关注着中国餐饮业的发展，而且为此付出了自己的心血和汗水。我们对中国餐饮业不仅展开了深入细致的调查、分析和研究，而且在这一领域取得了极为丰富的研究成果。

正是在长期研究的基础上，我们得出了一个结论："三百六十行，餐饮为王。"无数事实证明，我们的这一判断是非常正确的。的确，中国的餐饮业已经造就了数以万计的百万富翁、千万富翁乃至亿万富豪。

这些事实说明，中国的餐饮业大有可为，其中潜藏着无穷的宝藏和无尽的机会。由此我们更加认清了从事餐饮业研究的宝贵价值和重要意义，也更加坚定了我们继续努力的自信心和自豪感。

这套丛书的策划、出版，正是我们多年研究成果的结晶和展示。当您读完这套丛书中的每一本书的时候，一定会有很多感受和想法，或觉得受益良多，或感到意犹未尽，或有了进一步的启发，或发现了其美中不足之处……无论您的想法是什么，我们都真诚地希望听到您的宝贵意见和建议，以便我们将来做得更好。

衷心希望这套丛书的出版，能够给广大餐饮业界人士提供有益的支持和帮助！

欢迎您多提宝贵意见！

《唯高餐饮经典书库》编委会

2010 年 4 月

中国物资出版社《唯高餐饮经典书库》目录

序号 2：《第一次开餐馆》

内容简介：

餐饮市场的红火，吸引着大量的投资者，而在这众多的投资者中，有相当一部分是从未开过餐馆的，因此，《第一次开餐馆》是众多投资者的必读书。

开本：16 开　定价：29.80 元

序号 3：《第一次当主管》

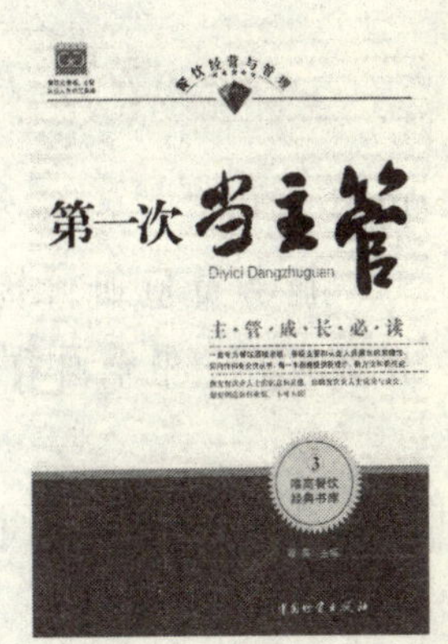

内容简介：

当好餐饮企业的各级主管，必须具备领导才能和丰富的从业经验，阅读本书对第一次当主管的读者充实自己、掌握管理技巧大有好处。

开本：16 开　定价：29.80元

序号 4：《餐饮业经营管理实用图表》

内容简介：

本书所列举的图表是许多从事餐饮业多年的人士实践经验的总结，实用性很强，是科学管理必不可少的工具书。

开本：16 开　定价：36.00 元

序号 6：《从侍应到主管》

内容简介：

从侍应到主管是人生的成长期和发展期。本书讲述了在这两个时期面对的问题、应掌握的技能、如何积累、成功晋升等，无论您是刚刚入行，还是在现在的岗位已经小有起色，读后都会令您有惊喜的收获。

开本：16 开　定价：29.80 元

序号 7：《餐厅礼仪》

内容简介：

服务员应如何接人待物、如何笑迎宾客，《餐厅礼仪》一书全面教您如何成为一位出色的服务员。

开本：16 开　定价：29.80 元

序号 8：《第一次当厨师》

内容简介：

新厨师从烹饪学校毕业到社会，差异万千，怎样提高厨师的经营理念，如何提升厨师的烹饪技艺，本书较全面地从实战的角度展开论述。

开本：16 开　定价：29.80 元

序号 9：《刀工》

内容简介：

精美的刀工是厨师十八般武艺中上乘的“武功”，细细研读此书，您便能获得“闯荡江湖”的本领。

开本：16 开　定价：29.80 元

序号 10：《顾客应对技巧》

内容简介：

各级主管、服务员在日常工作中应如何接待顾客、处理好与顾客的关系，本书详尽教您如何做一位好主管、一位好服务员。

开本：16 开　定价：29.80 元

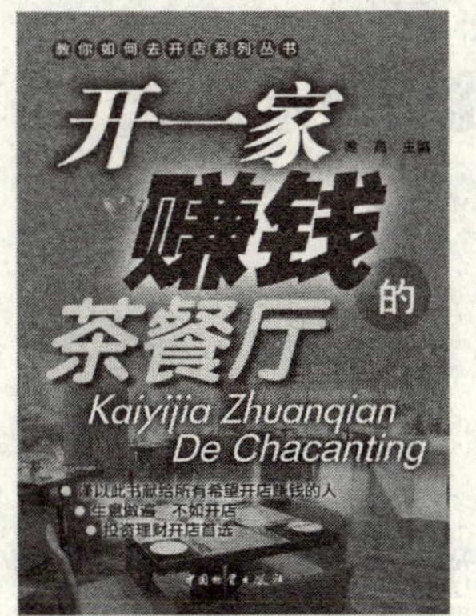

序号 13：《开一家赚钱的茶餐厅》

内容简介：

本书从选址、开业、管理等 8 个方面告诉读者如何开一家赚钱的茶餐厅，随着茶餐厅在内地的崛起，相信本书对有志开店创业的人会有所帮助。

开本：16 开　定价：29.80 元

序号 17：《火候》

内容简介：

俗话说："南火北刀。"南派厨师讲究火候，即锅气。火候的掌握是厨师的基本功，本书介绍了各种烹饪技法、各大菜系的烹制火候，是培训和自学的必要参考。

开本：16 开　定价：29.80 元

序号 19：《餐馆楼面管理》

内容简介：

本书涉及餐馆楼面管理，广度与深度相结合，横向与纵向相联系，力图让读者轻松而高效地抓住做好楼面主管的真谛。

开本：16 开　定价：29.80 元

序号 22：《开一家赚钱的西餐厅》

内容简介：

本书介绍了经营风格独特、环境幽雅、价格公道的西餐厅的成功之道。

开本：16 开　定价：23.00 元

序号 30：《餐馆经营管理实战与培训》

内容简介：

开餐馆应如何经营和管理？本书由拥有 20 年餐馆经营实践经验的专业人士编写，不但经验丰富，而且对实践与培训有独到的见解和过人之处。

开本：32 开　定价：23.00 元

序号 31：《餐馆持续发展百问百答》

内容简介：

餐馆是许多人认为赚钱的行业，也是许多人跃跃欲上的门槛。但是，有人做得红红火火，餐馆持续发展；有人却惨淡经营，最后关门停业。为什么？《餐馆持续发展百问百答》将逐一为您解答这些问题，想开餐馆的朋友真的不可不读。

开本：32 开　定价：22.80 元

序号 32：《高中低餐馆赚钱 250 则》

内容简介：

本书将教您如何开各种类型的餐馆，同时，也是一本适合高、中、低不同档次餐馆的经营和从业人员阅读的好书。

开本：32 开　定价：28.00 元

序号 33：《怎样提高餐馆人员商业素质》

内容简介：

提高餐馆从业人员的素质，是餐馆持续发展的重要保证，本书将教您如何提高自己的素质。想开餐馆的朋友不妨一读。

开本：32 开　定价：26.00 元

序号 34：《餐馆财务百问百答》

内容简介：

财务是企业的命脉。开餐馆面临的如何进行财务预测与分析、如何制作餐馆财务报表、如何做好财务资金管理、如何创收、如何压缩投资成本提高利润等问题，本书将为您一一解答。

开本：32 开　定价：28.00 元

序号 35：《餐馆投资百问百答》

内容简介：

这是一本教您投资餐馆“入门之道”的书。开餐馆必须具备足够的条件，必须科学投资与策划，必须科学预测与分析；而投资成败往往只在一念之差。本书是希望投资餐馆和希望创业成功的朋友不可不读的好书。

开本：32 开　定价：28.00 元

序号 36：《餐馆厨师实用手册》

内容简介：

开餐馆需要怎样的厨师？如何做一名出色的厨师？《餐馆厨师实用手册》一定能帮您！

开本：32 开　定价：28.00 元

序号 37：《餐馆服务实用手册》

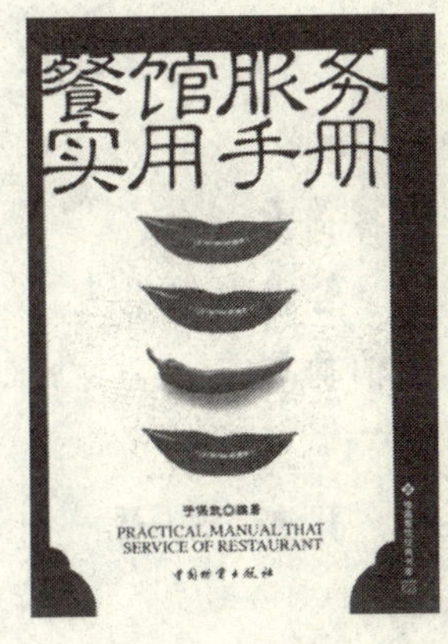

内容简介：

开餐馆需要怎样的服务人员，服务人员应如何做好餐馆经营中的“客我”交往，怎样做一名“双赢”的服务人员？《餐馆服务实用手册》一定会给您启迪！

开本：32 开　定价：28.00 元

序号 38：《如何开一家赚钱的餐馆》

内容简介：

开餐馆当然想赚钱，但如何赚？《如何开一家赚钱的餐馆》一定是您理想的创业宝典！

开本：32 开　定价：28.00 元

序号 39：《餐馆管人 36 招》

内容简介：

餐馆如何管人，《餐馆管人 36 招》教您把握管人的原则。

开本：32 开　定价：28.00 元

序号 40：《餐馆用人 36 计》

内容简介：

餐馆如何用人，《餐馆用人 36 计》教您掌握用人的原则。

开本：32 开　定价：28.00 元

序号 41：《餐馆赢在细节》

内容简介：

细节决定成败，细节乃日常生活中的点点滴滴，因此，要开一家成功的餐馆，必须从点点滴滴做起、从细节做起！

开本：16 开　定价：29.80 元

序号 42：《餐馆危机处理》

内容简介：

危机处理是餐饮企业的一项必不可少的日常工作。面对危机事件从容面对、化险为夷、变被动为主动是一门学问，也是从业技能。因此本书不可不读。

开本：16 开　定价：29.80 元

序号 43：《餐馆赢在决策》

内容简介：

本书介绍了餐馆在策划、选址、选项、菜品、定价、定位、服务、装潢等各个方面做决策时应考虑哪些问题，帮助读者成功创业。

开本：16 开　定价：29.80 元

序号 44：《餐馆赢在督导》

内容简介：

餐馆的督导者在经营管理中起关键作用，本书帮助他们提高执行能力和工作绩效，规范餐饮行业管理。

开本：16 开　定价：29.80 元

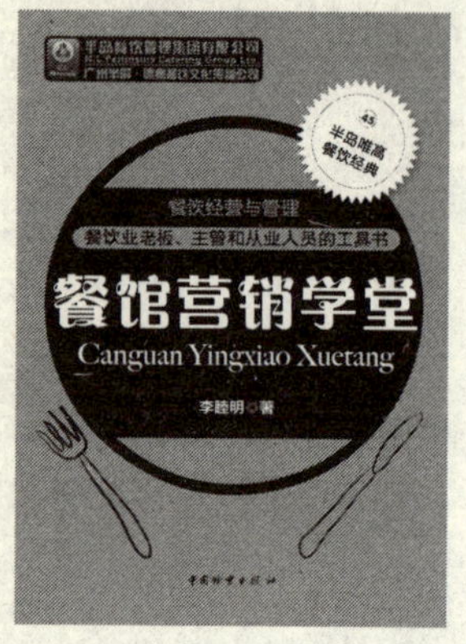

序号 45：《餐馆营销学堂》

内容简介：

本书针对现有餐饮企业管理、营销等多个层面值得注意的问题，总结经验、规律，提出解决之道，既有理论，又有心得。

开本：16 开　定价：24.80 元

序号 46：《餐馆经营实战讲堂》

内容简介：

本书对餐馆经营过程中涉及的团队管理、激励机制的建立、各个环节的有效监控、营销策略等实际问题给予了深入浅出的讲解。

开本：16 开　定价：29.80 元

序号 47：《餐馆开业采购指南》

内容简介：

本书详细介绍了餐馆开业所需物品的品种、数量，帮助读者正确选购，控制成本。

开本：16 开　定价：26.00 元

序号 48：《餐馆经理必备》

内容简介：

本书论及的各种问题和提出的解决方法均切合实际，是一本指引餐馆经理跻身于优秀者行列的实用指南。

开本：16 开　定价：26.00 元

序号 49：《餐馆赢在出品》

内容简介：

好的出品是餐馆的核心产品，是“摇钱树”，本书介绍的各种保障餐馆出品优质、特色的方法适合餐馆经营者和厨师参考。

开本：16 开　定价：28.00 元

序号 50：《餐馆制胜之道》

内容简介：

餐馆是人员密集型的企业，从服务员、厨师、采购、财务到主管岗位，部门繁多，因此相互间密切配合是餐馆经营成功的关键所在，本书能使餐馆经营者掌握团队建设的利器，从而打造一流的团队。

开本：16 开　定价：29.80 元